"Hace muchos años con... de pasión, entrega y fe. servicio. Ha demostrad... en lo que Dios dice, sin cuestionario mucho. Su vida se puede resumir en una frase: "Si Dios lo dijo es verdad y si es verdad es posible y si es posible quiero ser parte de esa posibilidad". Su libro *El Fabricante de milagros* desglosa en manera sencilla, amena, práctica y desafiante lo que uno encuentra en los Evangelios. El Jesús real y auténtico que desafió la naturaleza, confrontó el conformismo y sacudió la religiosidad vacía del entonces para mostrar que en las manos de Dios, nada se pierde sino que todo se transforma. Al leer las vivencias de Ilya desde su niñez, su vida profesional y su ministerio uno siente que la llama casi extinguida de la fe recibe el combustible necesario para hacer una explosión de confianza y certeza que nos levanta del asiento de la mediocridad para saltar al trampolín de creatividad. Si creo en Dios tengo que creer en milagros y la mayoría de milagros se experimentan en la vida sencilla y somos tentados a ver esos milagros como parte de la vida misma, pero no, son parte de la naturaleza divina en acción diaria y permanente. Que este libro no te lleve simplemente a mirar o buscar milagros, sino a encontrarte cara a cara con el Fabricante de milagros".

—Dr. Serafín Contreras Galeano
Ministerio Renuevo De Plenitud

Ayleen,
Dios está contigo!
Ilya Carrera
6 Julio 14

EL FABRICANTE DE
MILAGROS

ILYA CARRERA

Cara Ayleen gracias por
ser mi amiga y ayudarme
a encontrarme con Dios.
con mi
cariño
Rosaura
7-8-14

CASA
CREACIÓN

El Fabricante de milagros por Ilya Carrera
Publicado por Casa Creación
Una compañía de Charisma Media
600 Rinehart Road
Lake Mary, Florida 32746
www.casacreacion.com

Visite las páginas web de la autora: www.ilyacarrera.com; www.centrocristianobetania.org

Edición por: Gisela Sawin
Director de Diseño: Bill Johnson
Diseño de portada por: Justin Evans

Library of Congress Control Number: 2014931721
ISBN: 978-1-62136-501-3
E-Book ISBN: 978-1-62136-502-0

Impreso en los Estados Unidos de América
14 15 16 17 18 * 6 5 4 3 2 1

CONTENIDO

DEDICATORIA

A Jesús de Nazaret por haberme regalado la salvación de mi alma. ¡No sé qué hubiera sido sin ti!

A Telma y Santiago Carrera, mis padres, quienes me enseñaron a amar a Dios y a tener fe.

A todos aquellos sedientos y necesitados de Dios.

PRÓLOGO

EL FABRICANTE DE MILAGROS es un libro inspirador que trae refrigerio a nuestra alma y levanta nuestro espíritu. Doña Ilya es una mujer de fe, una mujer ejemplar que ha vivido esa vida en abundancia de la que habla la Palabra. Desde que la conocí me ha infundido un gran respeto, pues es una persona que sabe disfrutar cada día a plenitud, siempre viendo el lado positivo en toda circunstancia y esperando lo mejor en todo momento. Es una mujer completamente segura de quién es en Cristo, de su posición como hija de Dios, y su propósito en él. Su carácter afable y su fe inquebrantable se evidencian en cada una de las páginas de esta recopilación de inspiradoras enseñanzas. Las historias que nos relata son amenas y fiel testimonio del poder de Dios obrando en el quehacer diario de nuestra vida. Son vivencias que nos animan a seguir adelante. Las enseñanzas que se presentan alimentan nuestra fe, motivándonos a pasar a un nuevo nivel en nuestro caminar con Dios. *El Fabricante de milagros* nos desafía a ser la persona que Dios ha diseñado que seamos y nos motiva a nunca conformarnos, sino a esperar siempre lo mejor de él. Le puedo asegurar que cuando termine de leer este libro se sentirá fortalecido en su fe, animado, inspirado y sobretodo retado a no abandonar sus sueños, ya que estará convencido de que "Algo grande viene".

—LIC. JUANITA CERCONE DE GONZÁLEZ
ENLACE

Capítulo 1
A LA ESPERA DE UN MILAGRO

Era una mujer con muchas fuerzas, de edad mediana y profesional. Trabajaba en un hospital de la ciudad y se llevaba muy bien con la gente. Su esposo había muerto sorpresivamente en un accidente automovilístico y ahora le tocaba a ella llevar adelante su familia. Sin embargo, las noticias que había recibido últimamente no eran muy agradables. Rosa se había sentido mal, así que los doctores la enviaron a hacerse unos exámenes médicos, luego se dio cuenta de que tenía una enfermedad terminal. Ella asistía fielmente a la iglesia, y a través de su fe se propuso hacerle frente a la adversidad. Decidió orar y esperar un milagro de Dios. El tiempo que transcurrió no fue fácil. Los dolores producidos por la enfermedad se reflejaban en todo su cuerpo, sin embargo, los que la conocíamos la veíamos orando incansablemente y luchando por su sanidad. El diagnóstico declaraba que la mujer no sobreviviría un año, pronóstico que fue cambiado por el poder de Dios y su fe. Ya han transcurrido veinte años y hoy Rosa disfruta de sus nietos. Ella es un milagro y testigo viviente del poder sanador de nuestro Señor Jesucristo.

He tenido el privilegio de ver miles de milagros en la vida de diferentes personas. Gente que de una u otra forma atraen sus milagros por medio de la fe. Algunos de ellos ocurren casi inmediatamente, sin embargo, hay otros que demoran un tiempo hasta que son recibidos por aquel que ha orado y clamado. Cualquiera sea la situación, he notado un denominador común: la perseverancia.

La perseverancia es la extensión de la fe para tiempos indefinidos. Es la voluntad determinada a creer y esperar, contra viento y marea, que el Señor traerá lo que estamos pidiendo, el milagro esperado. La perseverancia es el acto de esperar con intensidad.

Posiblemente estés atravesando una situación en tu vida en la que comenzaste teniendo fe en Dios, pero el tiempo ha transcurrido y tu fe está decayendo. Quiero que tomes fuerzas en Dios y vuelvas a esperar tu milagro.

Algunos sinónimos de perseverancia son: persistencia, tenacidad, resolución de continuar en la causa. No sé qué dificultad estarás atravesando, pero sé que Dios te ayudará y traerá a cumplimiento sus promesas en tu vida.

> "Hubiera yo desmayado, si no creyese que veré la bondad
> de Jehová en la tierra de los vivientes. Aguarda a Jehová;
> Esfuérzate, y aliéntese tu corazón; Sí, espera a Jehová".
> —SALMO 27:13-14

Cualquiera que sea la circunstancia que esté ocurriendo a tu alrededor, persevera, persiste, ten fe en Dios. Si no desmayaste en el pasado, ¿por qué razón vas a desmayar ahora? Ánimo, Dios hará algo maravilloso.

Debes conocer la historia del paralítico que pasó treinta y ocho años esperando su milagro sin perder la esperanza. Una persona que espera durante tanto tiempo un milagro, definitivamente posee varias virtudes, entre ellas mucha paciencia, una gran fe y una enorme perseverancia.

Aparentemente el estanque de Betesda era un sitio de milagros, un lugar donde un ángel del cielo descendía, removía las aguas, y el primer enfermo que ingresaba al estanque, era sano de cualquier enfermedad que tuviese.

No sabemos por cuánto tiempo este hombre esperó su

oportunidad, pero evidentemente la palabra "desánimo" no estaba en su vocabulario. Él tenía esperanza y estaba determinado a seguir esperando su milagro.

Después de haber estado enfermo toda una vida, cualquiera se hubiera acostumbrado a no tener nada, a depender de otros, a simplemente llorar por la enfermedad. Los paralíticos tenían permiso para ser mendigos en la sociedad y vivir de la caridad. Pero hay quienes no se acostumbran a ser cargas para otros y luchan por cambiar su historia. Así como este hombre, hay un grupo maravilloso de personas que alcanzan lo que se proponen. Son aquellos que sueñan, luchadores, gente preciosa que nunca se detiene, que no desmaya.

Cierta vez un autor desconocido dijo que el camino al éxito está trazado con muchos lugares tentadores para estacionarse. ¿Estás orando por algo específico? No te detengas. Dios quiere que sigas adelante y que no sueltes tu sueño, tu petición, tu milagro. Que nada te separe de lo que llevas dentro de tu corazón.

Conozco a un millonario que tiene aproximadamente ochenta años. Es un hombre admirado por las empresas exitosas que ha fundado. Es del tipo de persona que pareciera que todo lo que toca lo convierte en oro. Un luchador que no se detiene, un hombre que te inspira a avanzar y conquistar. Un día me dijo que quería hablar conmigo. Acepté su invitación y fui a una de sus oficinas. La conversación se tornó interesante cuando me invitó a participar en un negocio. La verdad es que me sorprendió su deseo de seguir produciendo. Aun hoy siempre que conversamos me dice: "Tenemos que hablar Pastora". A esa edad, mi amigo está trabajando y sigue teniendo ideas fantásticas para desarrollar. Lo mueve un sentimiento maravilloso de continuar trabajando mientras tenga fuerzas para hacerlo.

No todo el tiempo tuvo dinero, sus inicios fueron muy humildes, comenzó vendiendo pimienta en paquetitos. Se los compraba a los chinos y después los vendía para ganarse unos centavos. ¿Te preguntarás si enfrentó problemas? Los tuvo como cualquier otra persona, pero no se detuvo ni se ha detenido hasta ahora. Esa es la diferencia entre un hombre pobre y uno rico. El pobre lo sigue siendo porque en algún momento de su vida se detuvo. Pero el rico, cuando pudo detenerse oyó una voz interna que le decía: "No lo hagas. Persevera. Sigue adelante. No te conformes".

Pasar tiempo con mi amigo millonario es muy interesante, no sólo para hacer negocios, sino para escuchar sus experiencias. Oír hablar a alguien que ha triunfado en la vida, nos enriquece.

Podemos vivir una vida extraordinaria si hacemos lo que Dios le dijo a Josué:

"Mira que te mando que te esfuerces y seas valiente".
—Josué 1:9

Muchas personas piensan que cuando algo viene de Dios, no tienen que luchar, porque las puertas solas se abrirán de par en par. La verdad es que a veces ocurre así, pero la gran mayoría de veces hay que perseverar y pelear por lo que Dios nos dará. Él quiere que crezcamos en la fe, que calentemos esos músculos espirituales y los pongamos a trabajar.

A los descendientes de Abraham, Dios le había prometido una tierra en la que fluía leche y miel, pero justo cuando iban a poseerla, manda a Josué a esforzarse y ser muy valiente. En otras palabras, aunque caminemos bajo promesas divinas, tenemos que luchar por alcanzarlas. Tomemos la decisión de no descansar hasta lograr nuestras metas. Siempre encontraremos problemas en la vida, pero le creemos a Dios.

Me apasionan las historias de los héroes de la fe, especialmente la vida del apóstol Pablo. Muchos creen que cuando tenemos a Dios con nosotros, no atravesamos problemas. Sin embargo, el apóstol Pablo escribe:

"Antes bien, nos recomendamos en todo como ministros de Dios, en mucha paciencia, en tribulaciones, en necesidades, en angustias; en azotes, en cárceles, en tumultos, en trabajos, en desvelos, en ayunos".

—2 Corintios 6:4-5

Nunca abandonó su fe ni su pasión por servir a aquel que se le apareció camino a Damasco.

Por otro lado, estamos viviendo en una generación de inmediatez, de cambios y de inconsistencia.

Asombrada observé a un niño de cuatro años jugar con un iPad, era increíble ver cómo rápidamente se aburría de un juego y saltaba al otro. Quiso revisar mi celular para ver qué juegos había, pero no tenía ninguno. Para no quedarme atrás le mostré un video muy bonito de un oso y un tigre. Durante 30 segundos le puso atención, al rato lo cambió. Traté de decirle: "Hey, el video no ha terminado". Pero no le interesó y siguió haciendo lo suyo. Vacilándole le dije: "Necesito enseñarte la palabra paciencia y perseverancia. Cuando uno comienza algo, debe terminar". A lo que recibí un Hmmm...y siguió haciendo lo suyo, jugar. Tarde o temprano esta nueva generación se dará cuenta de la importancia de estas palabras.

Préstame atención, si se te cierran algunas puertas, de todas maneras persevera. Busca la forma para alimentar tu fe. No te desanimes. No te rindas fácilmente. Rodéate de gente que te animen y permíteme darte la siguiente recomendación: "Apártate de las personas negativas".

Mi madre me enseñó a rendir cuentas, especialmente cuando desarrollaba un proyecto especial. Ella me pedía que le informara cómo iba todo. Tan solo el hecho de darle un reporte me ayudaba a no desanimarme. Cuando le cuentas a alguien acerca de una meta, un proyecto, lo más probable es que esa persona te pregunte cómo vas. Esa rendición de cuentas te ayudará aunque sea por honor, a seguir adelante con tu proyecto. Ayúdate y busca tu fórmula.

El paralítico hacía lo mismo vez tras vez, se daba esperanzas a sí mismo. Buscaba y analizaba sus oportunidades. El eco de las voces incrédulas podía ser cruel. Las voces sin fe pueden hacer titubear a los que las escuchan. Algo en su interior le decía que no se detuviera en su lucha.

Procedo de una familia extraordinaria, los llamo cristianos de hueso colorado, de esos que creen en Dios totalmente. La palabra imposible no existe en el vocabulario de mi familia. Crecí oyendo palabras tales como: fe, milagros, todo lo puedo en Cristo, sanidades, etc.

Cierto día mi única prima, tuvo un accidente automovilístico terrible. Un autobús de sesenta pasajeros no se detuvo en la luz roja y colisionó con el auto de mi prima que fue llevada de urgencia al hospital, casi muerta. Los doctores le dijeron a mi tía que no había muchas esperanzas. Pero ella no aceptó este reporte médico y lo descartó inmediatamente. Tanto su madre como el resto de la familia decidimos pelear la batalla en oración.

Mi prima pasó dos meses hospitalizada y en coma, sin dar indicios de mejoría. Día tras día íbamos al hospital, minuto tras minuto orábamos por ella. Al transcurrir los meses, vimos nuestras oraciones contestadas, logró levantarse del lecho de muerte. Hoy día es abogada, tiene hijos preciosos y un negocio próspero.

El enemigo tira sus dardos de una u otra forma. Siempre quiere hacernos daño, pero la fe del que persevera logra vencerlo. Me gustaría de alguna forma decirte que si Dios está contigo, nunca tendrás que enfrentarte a enemigos, pero no es así. Dios ve tus esfuerzos. Ve lo que el enemigo está tratando de hacer contra ti y no te abandonará.

Una anciana de la iglesia estaba dispuesta a salir para concurrir a la reunión, y se dio cuenta que las llaves de la casa no aparecían. Ella sabía que las había puesto en determinado lugar y que su desaparición era una trampa del enemigo para que ella no fuera a la iglesia. Se preguntó si debía quedarse en casa o tener fe e ir de todas maneras. Ella vivía en un área popular de la ciudad, así que no cerrar la puerta de la casa era peligroso. Entonces se decidió e hizo la siguiente oración: "Padre, iré a la iglesia, te pido que dejes tus perros guardianes en esta casa resguardándola de todo peligro". Me resultó risueña su forma de solicitar la ayuda de Dios. Esa tarde ella ajustó la puerta y se fue para la iglesia. Cuando regresó encontró todo en orden y las llaves de la casa, justo en el lugar donde las había puesto.

Siempre que nos propongamos alcanzar algo en nuestra vida tendremos luchas. Cuando este tipo de situación se te presente, ora inmediatamente y actúa basado en lo que el Señor te ponga en el corazón. No vendría mal que le pidas a Dios que ponga sus perros guardianes para que espante a tu enemigo.

Volvamos a la historia del paralítico, luego de treinta y ocho años, se despertó temprano, tomó su alimento, su capa y literalmente se arrastró hasta el pozo de Betesda. Nuevamente estaba solo, sin nadie que lo ayudara, sin que nadie le extendiera la mano, pero hombres como él no se desaniman, miran hacia Dios y prosiguen. Hombres como él transforman sus deficiencias en potencias, sus improbabilidades en probabilidades. No tengo a nadie que me ayude, pero... ¡qué importa! Si tengo a Dios, ¡qué más necesito!

Somos de los que hacemos lo mejor que podemos y dejamos el resultado a Dios.

El paralítico de Betesda estaba en el lugar correcto, con el mismo problema desde hacía muchos años, aún así, estaba cumpliendo su parte, quizás con menos fuerzas, pero en fidelidad. De repente, sin esperarlo escuchó:

—¿Quieres ser sano? —le preguntó

—¿Perdón? ¿A qué te refieres? —contestó el paralítico.

—¿Si quieres ser sano? —volvió a preguntar Jesús de Nazaret

—Claro que quiero. Pero déjame explicarte cómo funciona

esto. No es quién quiere, sino quién puede. No tengo a nadie
que me ayude a entrar al agua antes que el resto de los enfermos. No tengo la misma oportunidad que los demás. Cada
vez que trato —continuó explicando— alguien se me adelanta,
y finalmente regreso a mi casa enfermo.

—¡Ya veo! Toma tu lecho y camina,—declaró Jesús sobre el
paralítico.

Algo maravilloso ocurrió en ese momento. Casi mecánica-
mente y sin entender cómo, bajo una ráfaga de fuerza sobrenatural, accionó, obedeció y se puso de pie. El encuentro con
ese hombre de Galilea, había provocado el milagro. Ahora, finalmente estaba sobre sus pies y con sus propias fuerzas. No
había llegado primero al estanque, pero esta vez no importó.
Jesús no necesita que llegues primero, solo necesita que nunca
pierdas tu fe, que sigas teniendo esperanza.

Anímate a ser una persona que persevere hasta el final.
Acondiciona tu mente para no rendirte. Nunca seas de los que
retrocede. Una vez alguien dijo que "cuando el mundo te dice
ríndete; la esperanza susurra, prueba una vez más". Decide superar los obstáculos que te impidan alcanzar en esta vida todo
lo que has soñado. *El Fabricante de milagros* llegará para ayudarte mientras lo esperas.

El panameño Mariano Rivera es uno de los jugadores más
importantes de la historia de los Yankees. Se cuenta que la primera vez que lo probaron en el equipo, lo rechazaron, pero
él no se desanimó. Continuó practicando hasta que alguien
creyó en él y finalmente pudo alcanzar sus sueños.

Esta es la clave, no te detengas hasta ver cumplido lo que
estás orando. Mantén la esperanza. Jamás la pierdas. Sin
importar el lugar donde estés, enfócate solo en lo que Dios
tiene por delante. Pon atención a los pequeños detalles que
pueden distraerte de tus objetivos. La Biblia advierte que las
zorras pequeñas echan a perder el viñedo. Probablemente no

son los grandes obstáculos los que te harán desistir de tus metas, sino aquellas pequeñas desilusiones.

Cada vez que hacemos nuestra parte, Dios hace la suya. El Señor siempre nos sorprende; tarde o temprano toda oración será contestada. Además, existen las leyes del esfuerzo y la retribución. No lo olvides: Dios nunca abandona a sus hijos. Él tiene la justa retribución para los que perseveran, y premia a los esforzados. *El Fabricante de milagros* continúa haciendo milagros hoy. Persevera y alcánzalo.

Puede ser que por falta de buena administración, hayas perdido un negocio, que por falta de prudencia hayas perdido un amigo. Puede ser que por falta de un buen estudio de mercado tengas problemas con tus finanzas, pero te garantizo lo que dice la Biblia: Siete veces cae el justo, siete veces lo levantará el Señor. Dios te ayudará, date una oportunidad más, dale una oportunidad más al Señor, ten fe. Él es tu ayudador y saldrá a tu encuentro.

Ora junto a mí:

> *"Padre celestial, sé que eres grande y bondadoso. Hoy quiero poner mi vida en tus manos. Necesito tu poderoso mover en mi vida. Lléname de tu presencia. Regálame el don de la perseverancia para que mi fe no desmaye jamás. Recibo mi milagro en tu nombre. Amén".*

Capítulo 2
ÉL ESTÁ DE TU PARTE

HACE UN TIEMPO le envié un correo electrónico a la pastora María Teresa Cabrera de Costa Rica, para invitarla a Panamá. Cuando recibí su respuesta noté que su email finalizaba diciendo: "Dios está de mi parte". ¡Qué declaración hermosa y alentadora! Esas palabras me emocionaron. Dios el Padre, Jesús de Nazaret, el Espíritu Santo y el cielo mismo, están de mi parte. Entonces se cumple lo que dice las Escrituras: "Si Dios es por nosotros, quién contra nosotros". Puedes estar seguro que el mismo Señor te ayudará a lograr tus sueños.

Hubo una época en la que necesité incrementar mi fe. Había tomado la decisión espiritual más importante de toda mi vida, trabajar para el Señor a tiempo completo. Al renunciar a mi trabajo con el Gobierno de los Estados Unidos estaba cortando grandes puentes financieros. Había decidido aceptar la invitación del Señor de trabajar para él. Sabía que tenía por delante grandes cuentas por pagar: casa, carro, etc. Entonces decidí ayudarme a mantener mi fe elevada, así que imprimí algunas hojas en donde escribía palabras de victoria para mí misma. Eran promesas que Dios me había hecho. Las pegué en las paredes del baño de mi casa, en el espejo donde me retocaba todos los días, en la escalera, en la puerta del refrigerador, en todos lados... No me di opciones. Decidí creer en Dios totalmente. Le corté el paso a todo pensamiento de mentira que el enemigo hubiera querido ponerme en la mente. Me adelanté y llené mi corazón con promesas. Todo lo que mis ojos veían eran versículos como: "Todo lo puedo en Cristo que me fortalece" (Filipenses 4:13), "Porque nada hay imposible para Dios" (Lucas 1:37), etc. Tenía un gran reto por delante y necesitaba mantener mi corazón lleno de promesas.

Entre más grande es el plan de Dios para tu vida, más necesitas ir a la fuente de esperanza. Necesitamos convertirnos en personas dependientes de la mano de Dios, dependientes de su presencia. El ánimo y la fe es una combinación ganadora cuando deseas servir a Dios, especialmente si él te ha llamado para hacer grandes cosas.

Caminar bajo la guía del Espíritu Santo nos lleva a vivir una vida de seguridad y de conquista. Cuando tienes en tu espíritu la certeza de que Dios está contigo, que está de tu parte, puedes enfrentar cualquier tipo de gigantes, y de seguro ganarás. De allí la importancia de recibir lo que necesitas espiritualmente de parte de Dios, tan solo una palabra de revelación puede darte el empuje para avanzar o para recibir tu milagro.

La seguridad en Dios viene de la confianza que puedes poner en su persona, en sus obras, en sus hechos. Conocer las obras de Dios produce fe, la manifestación de su Espíritu es para tu provecho. Si logras asirte y aferrarte a la mano de Dios puedes superar cualquier situación en tu vida. Dios quiere que lo conozcas y que sepas que está trabajando a tu favor.

Cuando renuncié a mi trabajo, un pastor amigo me invitó a participar en una conferencia cristiana con un evangelista judíoamericano llamado Steve Fatow. Para ese tiempo había gente que me preguntaba si estaba segura de que Dios me había llamado a trabajar en su obra, así que mi corazón estaba necesitando una palabra especial de Dios. Aquella noche escuché su prédica con muchísima atención, consciente del hecho de que Dios nos habla a través de su Palabra y de sus instrumentos. Al final de su intervención nos pidió que pasáramos al altar para orar. Recuerdo que caminé entre la multitud como una más de aquellas personas que anhelan un toque de Dios. Me olvidé de los que estaban a mi alrededor e ingresé a la dimensión de la adoración. En ese momento el evangelista Fatow se acercó y me dijo unas palabras que sólo yo entendía el impacto que tenían: "Te he hecho cruzar el puente y te he traído para que ahora trabajes para mí".

Por más de catorce años había trabajando entre el U.S. Air Force y el U.S. NAVY (Fuerza aérea y Marina de los Estados Unidos). Todos los días tenía que cruzar uno de los puentes más importantes del mundo llamado el *Puente de las Américas*, sobre el Canal de Panamá. Esa era la razón de aquél impacto y confirmación. Sentí en mi corazón una emoción muy grande. Dios me estaba confirmando su llamado y ahora tenía el gran privilegio de trabajar para el Señor de señores, el dueño de todo lo que existe, aquel que siempre paga bien.

Finalmente pude dejar a un lado toda duda. Ese predicador no tenía ni la más remota idea a qué se estaba refiriendo, así que estaba segura de que era el Señor hablándome a través de él. A partir de ese día tomé una decisión: Creer y trabajar para el Señor con todas mis fuerzas.

Acababa de renunciar al ejército más grande y poderoso en el mundo, para enrolarme como oficial en el ejército más grande y poderoso de todos los universos. ¡Ahora trabajaba para el dueño del oro y de la plata, para el *Fabricante de milagros*, el productor de maravillas!

En la escuela aprendí una frase que dice: "El que invita, paga". Quiero que tengas la seguridad de que si Dios te ha invitado a participar en algún proyecto, él pagará. Dios quiere que estés consciente de que está de tu parte. Si logras empoderarte de esta realidad, podrás alcanzar lo que deseas. De esto se trata la fe. No vemos los obstáculos, vemos a aquel que nos da las fuerzas para saltarlos. No nos intimida el enemigo, nos escondemos en la presencia de nuestro Padre. No oímos las palabras que nos quiere asignar el maligno, escuchamos las palabras que ha declarado nuestro Padre celestial.

En la vida de David, el pastorcito que llegó a ser rey de Israel, descubrimos claramente el punto al que me refiero. David fue enviado por su padre a llevarle quesos, panes y grano tostado a sus hermanos que estaban en el ejército de Saúl (1 Samuel 17:17). Al llegar al campamento se encontró con una situación donde el gigante Goliat profería ofensa contra Dios. Todo Israel y el mismo Saúl estaban turbados y con gran temor al oír el reto del gigante, pero David sabía que Dios estaba de su parte. El resultado de esa fe fue que enfrentó a Goliat y le cortó la cabeza al enemigo de Dios, lo venció.

Me gusta comparar la fe con la física, la fe tiene un *momentum* (producto de la masa del cuerpo multiplicada por su velocidad en un instante determinado). En ese instante, lo espiritual y lo natural hacen clic. Ese *momentum* es tan importante porque es cuando consigues que la fuerza sobrenatural sobrepase cualquier obstáculo, ya no de acuerdo a tus propias fuerzas sino a la de Dios. Es entonces cuando se cumple lo que dice Zacarías: "No con ejército, ni con fuerza, sino con mi Espíritu, ha dicho Jehová de los ejércitos" (4:6).

La fe es como aquel juego de futbol americano donde hay muchachos con sus atuendos corriendo para ganar. El que alcanza la pelota corre hasta la línea donde tiene que anotar. Todo se da de tal manera que se encuentra con otras personas que quieren detenerlo en su carrera a la victoria, pero él va con todo su ímpetu y con una fuerza difícil de detener. Dios quiere que corramos inspirados por la fe, de tal manera que nada nos pueda detener. Él quiere que nuestra fe madure. Cuando la fe es puesta a prueba y sale victoriosa, vence. Fe que vence, es fe que crece.

El apóstol Pablo habla de una de nuestras bendiciones:

"Bendito sea el Dios y Padre de nuestro Señor Jesucristo,
que nos bendijo con toda bendición espiritual en los lugares celestiales en Cristo".

—EFESIOS 1:3

La palabra "bendecido" se deriva del término griego *eulogio*
que significa: "invocar bendiciones, causar que prosperes,
hacer feliz, dar favor". Los "lugares celestiales" se deriva del
griego *epouránios* y significa: "que ya existen en el cielo".

Si Dios ha invocado bendiciones sobre ti y estas ya existen
en el cielo, debes subir por medio de la fe y la oración a esa es-
fera de milagros y poseer el tuyo.

Necesitas llenarte de fe, buscar el rostro del Señor y hablar
palabras determinantes.

Cuando Jacob salió de Beerseba, de camino a Harán llegó a
un cierto lugar que ni siquiera la Biblia dice cómo se llamaba.
Allí preparó un espacio para dormir, puso piedras a su cabecera y soñó. Lo maravilloso de ese incidente es que desde la incomodidad de un suelo poco suave, y una almohada de piedra
dura, Jacob vio una escalera que estaba apoyada en tierra, y su
extremo tocaba el cielo, y ángeles de Dios subían y descendían
(Génesis 28:11-14).

Hay una gran actividad en el mundo espiritual que consiste en que cada vez que presentamos nuestras oraciones, los
ángeles las llevan ante Dios, luego descienden con nuestras
respuestas.

Si "el Espíritu es el que da vida" (Juan 6:63), entonces
nuestra necesidad más grande consiste en llenarnos de su Espíritu para la creación de nuestros milagros que recibirán vida.

Uno de los versículos que más me han impresionado se encuentra en Isaías 45:11 y dice: "Así dice Jehová, el Santo de
Israel, y su Formador: Preguntadme de las cosas por venir;
mandadme acerca de mis hijos, y acerca de la obra de mis
manos".

Por muchos años tuve esta palabra en mi cabeza, y me

preguntaba: "¿Cómo puedo aprender a mover la mano de Dios?". ¿Te has hecho esa pregunta? La Biblia dice que aún con la sombra de Pedro los enfermos eran sanados. La sombra es la proyección de un objeto con luz de frente manifestado en la obscuridad. Si la sombra de alguien que negó a Cristo podía sanar, en el nombre de Jesús, la tuya también podrá.

Así como Dios dio la orden para crear, nosotros que fuimos hechos a su imagen y semejanza, tenemos la autoridad para dar órdenes en fe de acuerdo a su voluntad.

Cuando observamos el horizonte descubrimos que entre más lejos está de nosotros, más pequeños se ven los objetos. En otras palabras, la distancia hace ver las cosas como si fueran inaccesibles, las aleja aparentemente de nuestro alcance.

Por eso en la proyección de tu propia vida, elévate hasta donde está Cristo y verás las cosas desde otra perspectiva. Si te preguntas cómo subir, lo primero que debes asegurarte es que conoces a Jesús, de lo contrario hoy mismo entrégale tu vida y comienza a leer su Palabra. Si ya lo conoces, entonces siéntate cerquita de él y obsérvalo trabajando a tu favor.

Esto funciona de esta forma: En el mundo espiritual tienes que declarar y creer antes de recibir tu milagro. Llama las cosas que no son como si fueran. Llámalas, pronúncialas, di su nombre.

Me ayuda mucho escribir mis peticiones. Una de mis estrategias cuando vamos a lanzar un proyecto de la iglesia, es escribirlo. Si voy a orar por personas, escribo sus nombres. La clave está en orar directamente por lo que estás clamando. Siempre escribo mis metas en mi agenda diaria, de esa forma me aseguro de verlas y recordar lo que aún está pendiente. La mente muchas veces divaga entre uno y otro pensamiento, pero nos toca a nosotros mantenernos enfocados.

Uno de los pasajes que considero muy especial es la historia del centurión que oyó hablar de Jesús y envió a unos ancianos para que lo llevasen a su casa. Este hombre ni siquiera

era judío, pero obtuvo su fe por el oír. Cuando estaban cerca, el centurión envió a unos amigos para decirle a Jesús:

> "Señor, no te molestes, pues no soy digno que entres bajo mi techo; por lo que ni aun me tuve por digno de venir a ti; pero di la palabra, y mi siervo será sano".
>
> —LUCAS 7:6-7

Estas palabras registradas en la Biblia expresan lo que es la autoridad. El centurión sabía que si Jesús decía la palabra, su siervo sería sano. Jesús se admiró de esta declaración y dijo que ni siquiera en Israel había encontrado tanta fe.

Estudiar la vida de Elías es inspirador. Aprendemos acerca de la autoridad verbal. Este profeta podía hacer descender fuego del cielo, declarar sequía y anunciar lluvia. Elías habló al Rey y aunque nadie le creyó, por medio de la fe estableció que llovería. Se concentró en su oración y no permitió que nada lo distrajera. Aparentemente solo su criado lo acompañó, a quien le dijo: "Sube y mira y si no ves la respuesta la primera vez, regresa y regresa y regresa".

A ese tipo de fe la llamaría: fe expectante, fe paciente. La Biblia no registra cuánto tiempo pasó esperando que apareciera una pequeña nube, recordemos que estaban en una sequía. El profeta Elías sabía que el cielo estaba comprometido a cumplir la palabra que él había declarado.

Ten la seguridad que Dios hará algo y aunque demore, espéralo en el monte de la oración. Él está de tu parte. No abandones tus sueños porque no has recibido respuesta. Conviértete en una persona que espera pacientemente el milagro de Dios. No todos los milagros ocurren inmediatamente. Hay algunos que nos enseñan a guerrear y otros que nos enseñan a perseverar.

Posiblemente estás enfrentando situaciones que no puedes cambiar, como humanos tenemos límites, pero el Señor no los tiene.

Una persona de la iglesia vino a hablarme desesperada. Ella estaba embarazada, acaba de salir del consultorio de su médico, le habían practicado unos exámenes y las noticias que recibió no eran muy alentadoras: Su bebé estaba mal, era mejor abortarlo.

Con gran angustia esta mujer me preguntó qué debería hacer. Conversamos, oramos y Dios la guió a continuar con su embarazo, a creerle a él, antes que a cualquiera otra persona. Pasaron los meses y continuamos clamando a Dios. Fue tiempo de ayuno y oración para los que la amábamos, y tiempo de espera para ella. Cuando se cumplió el tiempo de embarazo, el Señor recompensó su fe y nació un hermoso varoncito. Cada vez que lo veo pienso en aquel milagro de Dios. ¿Te imaginas lo que esta madre podrá contar a su hijo cuando sea grande? Le dirá: "Por poco y no naces". Milagros como este nos recuerdan que hay un Dios que se mueve cuando clamamos. Todo lo que Dios comienza, lo termina, y todo lo que comienza con Dios, termina bien.

Tienes que estar preparado para cuando te toque poner en práctica la fe. Ejercitar la fe nunca es fácil porque tenemos que movernos en una dimensión con la cual no estamos familiarizados. Pero la buena noticia es que Dios no te dejará solo mientras estás declarando victoria. El Señor tomará tus palabras y contestará tu oración. El Salmo 91:11-12 dice: "Pues a sus ángeles mandará acerca de ti, que te guarden en todos tus caminos. En las manos te llevarán, para que tu pie no tropiece en piedra".

Las oportunidades para que Dios actúe y nos toque siempre están allí. Somos nosotros quienes debemos atraer el mover de Dios con nuestra fe, dejando a un lado nuestros miedos. "En el amor no hay temor, sino que el perfecto amor echa fuera el temor" (1 Juan 4:18).

Hace varios años, cuando comenzaba mi ministerio, fui a visitar a Bonita y Argimiro Sánchez, unos amigos que vivían en la ciudad de Chicago, Illinois. Ellos estaban pastoreando un grupo de latinos dentro de una iglesia anglosajona. Bonita había visto cómo Dios me había usado en varios milagros de sanidad, así que me pidieron que orara por la hija de un pastor norteamericano, pues era estéril. Ante este pedido me invadieron toda clase de pensamientos. ¿Y si no recibe el milagro? ¿Y si no queda embarazada? Más pronto de lo que esperaba, Dios me habló y me dijo que yo no tenía nada que ver con el asunto, simplemente debía orar. Así que finalmente accedí y oré por la joven pareja. Puse mis manos sobre el vientre de la muchacha, solté una palabra de fe y declaré vida para esa matriz. Dios es tan grande y bueno que al cabo de nueve meses la muchacha estaba dando a luz una hermosa criatura.

Si Dios te guía a orar por alguien, no tengas temor de quedar avergonzado. Nuestra reputación no es lo importante. Haz la obra que Dios te dijo y déjale los resultados a él.

Hace muchos años, por recomendación de mi papá, comencé a acompañarlo a los hospitales para orar por los enfermos. Él había dicho que si quería activar el don de sanidad lo mejor era visitar los hospitales donde había muchos enfermos. Así que le hice caso.

Con mucha timidez comencé a orar por los enfermos. Dentro de mi corazón surgía una pregunta: "¿Y si no se sanan?". Casi como regaño escuché la voz del Señor que me decía unas palabras muy espirituales: "¿Y a ti qué?".

Fue impactante para mí. Rápidamente pedí perdón a Dios y le dije: "Mensaje recibido". Esas experiencias en los hospitales ayudaron a que mi fe creciera, y pusieron en marcha el don de sanidad.

Posiblemente alguien te ha pedido que ores por un milagro de provisión, de sanidad, algún tipo de oración en donde tú sabes que sólo Dios lo puede hacer. No te preocupes. Dios está de tu parte. Confía en él y te ayudará. Lo importante es saber que cuando él te mete en algo, te respaldará.

Tú eres una bendición que el Señor ha puesto en este mundo para que la gente pueda acceder al poder de Dios. No tengas miedo cuando te pida que des pasos de fe.

En las bodas de Caná, lugar donde se realizó el primer milagro de Jesús, hubo una sorpresiva escasez de vino. El desenlace de la fiesta estaba a punto de entrar en crisis. Pero allí estaba Jesús quien cambió la historia de esa familia. María, la madre de Jesucristo, le dijo a los sirvientes en las bodas: "Hagan todo lo que él les diga". Este es un secreto de fe: Nunca atemos sus manos. Los sirvientes hubieran podido objetar la búsqueda de agua, pero no lo hicieron. Les tocó ir a buscar varios galones de agua por tinaja y en esa búsqueda ocurrió el milagro.

Los milagros no los hacemos nosotros, los hace él. Así que con eso en mente, sólo déjate usar por Jesús, préstale tu boca para hablar su Palabra, tus manos para tocar al necesitado, tus pies para ir donde él te envíe. Debes tener esta seguridad, si Dios te ha ayudado en el pasado, lo seguirá haciendo en el futuro. Si ha abierto una puerta, te abrirá muchas más.

Cierta vez escuché una historia acerca de un niño que estaba en una parada de autobús. Un hombre pasó y le dijo que fuera a la siguiente parada porque los autobuses no se detendrían allí debido a unos cambios de ruta. El niño no le hizo caso y se quedó en el lugar. El hombre un poco preocupado se puso a observarlo, cuando de repente llegó un autobús a la parada en cuestión, el niño se subió y en eso se volteó y le dijo al hombre: "Es que el chofer es mi papá". Tener conexión con el cielo trae privilegios. Como un padre sale en defensa de su hijo, así vela el Señor por ti de día y de noche.

La Biblia narra un hermoso pasaje en donde podemos ver el poder de Jesús aún sobre la naturaleza. Los discípulos asustados por una tempestad despiertan a Jesús y le dicen: "Maestro, Maestro, que perecemos" (Lucas 8:24). La tempestad golpeaba con sus vientos y olas, ellos sabían que Jesús estaba en la barca, pero el miedo nubló su fe.

Jesús, que conoce todo, esperaba que por medio de la tormenta, algunos de los discípulos ejercieran su autoridad, un despliegue de fe. Se supone que cuando la tormenta sacude nuestro barco, debemos mandarla callar. Tú y yo somos más fuertes que ella.

No todos reaccionamos igual en medio de una crisis. Algunos lloran, otros corren y se asustan. Aún así, fuimos entrenados para detener las olas y acallar tormentas. Si hasta ahora no lo has logrado, tranquilo, Dios está de tu parte, lo lograrás.

Jesús siempre saldrá a la defensa de sus seguidores. Si no estás preparado aún, él se moverá a tu favor. Así que reprendió el viento y a las olas y todo fue transformado en calma.

Al ver esto, los doce se decían unos a otros: "¿Quién es éste, que aun a los vientos y a las aguas manda, y le obedecen?". Ese es Jesús de Nazaret y está contigo para guardarte, protegerte, bendecirte y darte los anhelos de tu corazón. Tu vida jamás será la misma, porque él está de tu parte.

Ora junto a mí:

> *"Padre bueno, te doy gracias por estar siempre conmigo. Me pongo en tus manos para que me uses como un instrumento. Ayúdame a ser obediente y a servirte con todo mi corazón. En el nombre de Jesús. Amén".*

Capítulo 3
CAMBIO DE MENTALIDAD

HACE UNOS AÑOS estaba en un ayuno en la iglesia. Mientras oraba sentí una sensación extraña en las piernas, parecía que estaba parada sobre unos zancos altos ante una realidad diferente. Era como estar parada sobre extensiones que me separaban del piso. Inmediatamente le pregunté al Señor el significado de lo que estaba experimentando. En mi interior sentí como si Dios me dijera estas palabras: «Una es tu estatura física (5 pies, 2 pulgadas), y otra tu estatura espiritual. Hoy te muestro tu estatura espiritual».

Esas palabras fueron espectaculares para mí. Me ayudaron a verme como Dios me veía y eso cambió el pensamiento que tenía de mí misma. Gracias a Dios, la forma como el Señor me veía era mayor que la forma como me veían los demás, y aún yo misma. Hubo un cambio inmediato en la manera en que procesaba la información a mi alrededor.

En otras palabras, Dios me estaba regalando una maravillosa revelación acerca del mundo espiritual. No tiene nada que ver con nuestra apariencia física, con nuestros logros académicos sino más bien con nuestra posición ante el Padre.

Puede que tengas miedos y complejos que te impiden avanzar y conquistar. Pero, si tu pensamiento cambia, todo tu entorno cambiará.

Jesús tuvo una conversación con un hombre llamado Nicodemo, un judío religioso, y le dijo:

"De cierto, de cierto te digo, que el que no naciere de nuevo, no puede ver el reino de Dios".

—JUAN 3:3

Jesús quería que Nicodemo entendiese cómo funciona el reino de Dios. Entonces Nicodemo preguntó: "¿Cómo puede un hombre nacer siendo viejo? ¿Puede acaso entrar por segunda vez en el vientre de su madre, y nacer?", sin entender la esencia de lo que Jesús le decía.

Jesús estaba hablando de un tipo de nacimiento diferente, pero en su capacidad humana Nicodemo no podía procesar esa información. No podemos volver al vientre de nuestra madre, pero para entender el reino de Dios necesitamos cambiar nuestra manera de pensar, nuestros sentimientos, nuestro enfoque, nuestra visión. Es por eso necesario permitir que el Espíritu Santo nos revele todas las cosas.

Quizás has estado tratando de forzar una situación y te has frustrado en el proceso. Posiblemente piensas que ruegas y nada ocurre, que allá arriba no hay nadie que te preste atención porque no ha habido cambios en tu relación matrimonial. Pero Dios te dice: "Tranquilo, el reino de Dios se ha acercado".

Nacer de nuevo significa dejar a un lado el pesimismo, el negativismo. Significa creer que el plan de Dios es bendecirnos. Desde que nacemos llegamos a este mundo sin historia, sin recuerdos, con un disco rígido en blanco, pero con el transcurrir de los años, poco a poco fuimos programando ese disco y llenándolo con experiencias que se almacenaron en nuestra mente. Algunas de ellas maravillosas, otras negativas, pero ambas influyen en la manera de actuar.

Cuando Dios creó a Adán y a Eva los puso en el Jardín del Edén. Edén significa placer, deleite. Ese era el plan de Dios para el hombre, que pudiera vivir bendecido, próspero y en victoria. Pero Eva prefirió buscar otro deleite fuera de lo que ya Dios le había entregado. La caída del hombre trajo cambios al plan original, pero a través de Jesús ingresamos nuevamente a ese plan de Dios.

Dios te creó para que conectado a él, encuentres gozo, paz, paciencia, benignidad, bondad, fe, mansedumbre y templanza, como está escrito en el libro de Gálatas 5:22. Viviendo así, tu vida será maravillosa.

Muchas personas piensan que ganar más dinero los hará más felices. Entonces lo obtienen y se dan cuenta que ayuda mucho, pero que no trae lo que ellos necesitan. Con respecto a nuestra relación con otras personas, Jesús dijo: "Es más bienaventurado dar que recibir". En otras palabras, son más felices los que dan que los que reciben.

Todos fuimos marcados por otros. Por eso, si queremos vivir una vida de triunfo, necesitamos cambiar nuestra mente. Jesús dijo que tenemos que nacer de nuevo para así comprender el reino de Dios y ser transformados totalmente por él.

Conozco a una persona que cuando era pequeña un familiar le decía que sus padres le habían sacado de la basura. A manera de chiste, se reía y le decía: "Tú no eres de esta familia, te recogieron en un basurero". ¿Qué crees que le pasó a esa persona? Creció con una autoestima baja, su amor propio estaba por el piso, llena de inseguridades. Sin embargo, conoció a Jesús de Nazaret y él cambió su vida y también su pensamiento.

¿Te acuerdas cuando eras pequeño y te sentías un superhéroe? Seguramente te atabas una toalla alrededor de tu cuello como si fuera la capa de Superman. Quizás usabas los tacones de mamá y te sentías una mujer grande. Ahora te pregunto, ¿han cambiado en algo tus pensamientos o sigues sintiendo que puedes conquistar el mundo entero?

Independientemente de lo que piensas, déjame decirte lo que la Biblia declara acerca de ti: "Eres cabeza y no cola. Eres la niña de sus ojos. Estás arriba y no abajo. Eres una persona extraordinaria, un superhéroe que está listo para conquistar este mundo, eres más que vencedor". ¡Dios te hizo grande! Tienes que hallar tu lugar en Cristo. Si no sabes cuál es, entonces debes pasar tiempo con el Señor para que te ayude a alinear tus pensamientos, sólo entonces podrás hablar y entender el idioma espiritual.

Jesús ha puesto sus ojos en ti porque eres importante para él. No hay otra persona como tú en el mundo, y puedo decirte con certeza que él está esperando que des grandes pasos de fe en su Nombre.

¿Por qué te limitas? Quieres ir a pasar unas vacaciones con tu familia y lo pospones porque crees que no es el momento, que no es la prioridad, que no tienes el dinero para darte esos gustos. Te vuelvo a preguntar: ¿Por qué te limitas? Con unos cuántos arreglos de prioridades, tú y tu familia pueden regalarse esas vacaciones soñadas.

La fe atraerá las bendiciones pues involucrará cambios en tu vida. Grandes pasos de fe requieren grandes cambios en nuestro estilo de vida. La fe nos ayuda a vivir organizados.

Una de las cosas que más me gustaba hacer cuando trabajaba secularmente era viajar y tomarme unas buenas vacaciones. Con el padre que tuve puedo decir que prácticamente nací en un avión, así que cuando renuncié a mi trabajo para ingresar al pastorado, una de las cosas que le ofrecí al Señor fueron mis viajes. Erróneamente asumí que Dios me los quería quitar. Me había resignado a no viajar por no tener el dinero para hacerlo en mi nueva vida ministerial. Sin embargo, cierto día a final de año dije: "No tengo porque vivir limitada si tanto me gusta viajar". Fue así que decidí que ese 1º de enero que se avecinaba iría al aeropuerto a orar por mis futuros viajes. Me dije a mí misma: "Señor, yo no los puedo pagar ahora, pero tú sí". Recorrí todos los mostradores de las diferentes aerolíneas y me puse a orar por mis próximos viajes pagados por Jesús de Nazaret.

Esa oración y paso de fe, activó mi mundo espiritual. Para mí algo se desató ese día. A partir de ese momento, comencé a recibir invitaciones para dar Conferencias y participar como Asesora en algunos proyectos en Corea del Sur, España y en otros países, con todos los gastos pagos.

Quien se atreva a cambiar su presente, siempre gana. ¿Anhelas un cambio en tu vida, en la vida de tus hijos? No permitas que vivan debajo del nivel de un gran hijo de Dios.

De esta situación aprendí tres grandes lecciones: No asumas algo que Dios no te ha dicho. No te resignes. Piensa en grande, no te reprimas. El Dios que servimos es maravilloso y grande, y tú eres su hijo.

Tienes en tus manos las riendas de tu vida, el futuro te sonríe esperando que lo conquistes y que provoques que otros digan que quieren tener el Dios que tú tienes. Jesús dijo: "Al que cree todo le es posible".

Uno de mis sueños era volver a viajar, así que oré y reclamé mis viajes. Quizás tú tengas que ir a una agencia de automóviles para reclamar el tuyo, o a una oficina de venta de casas. No importa lo que sea, puedes cambiar la situación, tienes un Padre Celestial que te ama.

Me gusta la historia de un hombre pequeño que se llamaba Zaqueo. La Biblia relata este acontecimiento en el libro de Lucas 19. Oyó que Jesús había llegado a su tierra. Él era nada menos que el jefe de los publicanos y además, rico. Había decidido asomarse y ver un poco más de cerca a Jesús, pero tenía un problema, había tanta gente rodeándolo que cuando quiso verlo se dio cuenta que no tenía suficiente estatura para divisarlo. Así que se adelantó a la multitud y se subió a un árbol para esperarlo. Cuando Jesús pasó por allí, se detuvo, lo llamó por su nombre y se autoinvitó a su casa.

Conviértete en un saltador de obstáculos, corre la gran

carrera que tienes por delante. No te desalientes por nada en el mundo. ¡Ánimo! Cambia tu vida y la de tu familia.

Cuando entendemos la jerarquía y el orden espiritual entonces sabemos que servimos al dueño de todo, al Dios todopoderoso. Él manda y todo lo demás se sujeta. Entonces comprendemos lo que dice la Palabra:

> «Y juntamente con él nos resucitó, y así mismo nos hizo sentar en los lugares celestiales con Cristo Jesús».
>
> —EFESIOS 2:6

Cuando miramos desde el cielo hacia la tierra, tenemos otra perspectiva. Es por eso que el apóstol Pablo escribió que nuestro lugar en Cristo es en su mesa. ¿Cómo se verán nuestros problemas desde la mesa de Cristo? Pues creo que no se ven, ni siquiera los más grandes, ni las deudas, ni las enfermedades, ni los problemas familiares. Sólo se ve la gloria de Dios, a Jesús, su dulce Espíritu y a los millares de ángeles. Allí con él, todo lo podemos.

Que Dios nos ayude a creer en lo que dijo Jesús:

> «Si tuvieres fe como un grano de mostaza, diréis a este monte: Pásate de aquí allá, y se pasará; y nada os será imposible».
>
> —MATEO 17:20

Quita los viejos pensamientos de tu mente y reemplázalos por lo que nos enseña la Biblia.

Seguramente has oído la historia del hijo pródigo y de su hermano mayor. Ese relato tiene mucho que ver con los diálogos internos de estos dos muchachos. Ambos ignoraban sus privilegios en la casa del padre. El hijo pródigo fue víctima de sus propias tentaciones, de sus pensamientos acerca de la vida. Quiso vivir placeres y deleites, pero terminó sin amigos y sin dinero.

¿Qué piensa aquél que perdió todo? La Biblia registra la manera de pensar del hijo pródigo: "Me levantaré y regresaré a la casa de mi padre. Trabajaré como un jornalero, no merezco otra cosa". El enemigo siempre trabaja con nuestros pensamientos, y en el caso del Hijo pródigo, lo hizo sentir que era una basura y que no merecía el perdón de su padre. Así procesaba su información.

Por otro lado, el hijo mayor, lo tenía todo. Nunca se fue de la casa de su padre, pero cuando su papá hizo fiesta por el hijo menor que había regresado, el mayor reclamó sus derechos y le dijo al padre: "Nunca has hecho fiesta por mí".

Esto me suena a celos ¿y a ti? ¿Quién sabe desde cuando tenía esa mala relación con su hermano? Si una persona no puede llevarse bien con su hermano, tampoco podrá disfrutar de los beneficios en la casa del Padre. Me imagino que su papá fue sorprendido por esa mentalidad. Por eso le contestó: "Todo lo que tengo es tuyo". En otras palabras: solo tienes que tomar lo que te pertenece. Seguramente este otro hijo tenía una concepción equivocada de su padre. Era hijo, pero no disfrutaba sus privilegios.

Rechaza los pensamientos negativos. Decide no darles albergue en tu mente. De esa manera no permitirás que nadie robe tu gozo, tu paz, tu alegría. Decide gozar de tu condición de hijo de Dios siempre.

La Palabra dice que los pensamientos de Dios hacia ti son de bien y no de mal. Dondequiera que vayamos, el bien y la misericordia de Dios nos seguirán. Si contamos con sus bendiciones, contamos con todo.

¡Ten confianza y ánimo siempre! Todo lo que Dios tiene, es tuyo. Permite que su Palabra eduque tu mente para que puedas hablar el lenguaje de Dios. Entrena tu mente para ver las cosas según el lente de Dios, entonces podrás adueñarte de lo que él promete.

Cuida tus sueños, aprópiate de tus promesas, no permitas que los demás te roben el gozo que llevas adentro. Aunque no lo notes, tu gozo es una fuerza que Dios te ha entregado.

Cuando comencé el ministerio pastoral recuerdo que tenía tanto entusiasmo y alegría que por dondequiera que andaba compartía ese gozo. Un día, una persona de alta jerarquía espiritual me dijo: «Te vamos a mandar a Darién para ver si sigues con la misma alegría». Darién es una de las provincias más lejanas de Panamá, allí se encuentra nuestra mayor área de jungla y las condiciones son muy precarias. Decirme eso era: «Vamos a ver si se te borra la sonrisa cuando pases los páramos». Con mucho respeto le contesté: «Hermano, Dios va conmigo dondequiera que vaya y su bendición está sobre mí. Aun en la más remota montaña, Dios me bendecirá y me respaldará». Recuerdo que después de mi respuesta hubo un silencio sepulcral.

Llénate de esa seguridad, eres importante para Dios. Tu futuro no depende de lo que te puede dar el hombre sino de lo que dejas que Dios haga en ti. Él se ha propuesto bendecirte más allá de lo que esperas. Tu futuro no lo traza un ser humano. Tus días están en las manos del Señor. Dios siempre moverá las fichas a tu favor, porque te ama.

No todo lo que ocurre en el mundo espiritual es entendible. A veces parece que lo que sucede a nuestro alrededor es en detrimento nuestro, pero si confiamos en Dios, le amamos y le somos fieles, inevitablemente se cumplirá en nosotros lo que dice el libro de Romanos 8:28: «A los que aman a Dios, todas las cosas le ayudan a bien».

Nadie puede alterar lo que el Señor ha declarado sobre tu vida. Cada día que sale el sol, nuevas son sus misericordias destinadas para ti y para mí. Satura tu mente con las promesas bíblicas. Háblale al mundo espiritual con las palabras que Dios ha dicho.

Tienes el derecho de recibir tus milagros. Si te sientes débil por algún motivo tienes el derecho de gritar: «Fuerte soy». Si te consideras pobre, Dios te dice: «Declara que eres rico».

Dondequiera que estés puedes tener la seguridad de que

Misa Exequial

Parroquia Santa Rosa de Lima
Gaithersburg, Maryland
20 de Enero de 2018

Telma Yanira Mazariego Mancia

Dios la envió al mundo
el
20 de Marzo de 1970

Dios la llevó a la Vida Eterna
el
15 de Enero de 2018

...cial

...ón del agua bendita

...ación del Palio Funerario

...ción de Entrada

...e tus manos
...mi vida Senor
...re tus manos pongo mi existir
...y que morir, para vivir
...re tus manos confio mi ser

...el grano de trigo no muere
...no muere solo quedara
...ro si muere en abundancia dara
...n fruto eterno que no morirá

...ntre tus manos.........

...Oración colecta

Liturgia de la Palabra

...rimera Lectura: Lamentaciones 3, 17-26
...Respuesta: Te alabamos, Señor

...mo Responsorial
...ñor es mi pastor nada me falta...(2x)

...da Lectura: Romanos, 6, 3-4. 8-9
...esta: Te alabamos, Señor

...antes del Evangelio:
...Señor

Dios te cuida, que el ángel de Jehová acampa alrededor tuyo. No veas las cosas como todos las ven, míralas según los ojos de Dios.

Como arquitecta, trabajé entre militares norteamericanos por muchos años. Una vez fui a una de las reuniones que teníamos con el comandante de la base. Me acuerdo que estábamos sentados en una mesa grande y rectangular. Ese día el comandante había llegado tarde y los puestos de las esquinas habían sido tomados por algunos jefes que estaban juntamente conmigo en la reunión. Entonces, alguien trató de ser amable con el comandante y le ofreció la cabecera de la mesa. Las palabras que siguieron a ese gesto gentil han quedado grabadas en mí por años. Mi jefe contestó: "Gracias, pero la cabecera de la mesa está dondequiera que me siente". Pensé: "Él tiene toda la razón. No importa dondé esté sentado, él será el centro de la atención". Eso habla de un hombre de autoridad. La investidura de comandante estaba con él, en la cabecera de la mesa o sentado en el asiento más bajo de la mesa. Él sabía quién era y conocía su autoridad.

¿Ha visto a los grandes magnates? Ellos se visten como quieren, hacen lo que quieren, no tienen que impresionar a nadie. Lo que tienen no depende de nuestra opinión. No se sienten pequeños sino poderosos.

¡Cuán importante es saber quiénes somos espiritualmente! Dios quiere que sepas que formas parte del linaje real. Tu ADN es el de Cristo y su sangre corre por tus venas.

No importa qué clase de ropa uses ni cómo es tu cabello. No importa si eres rico o pobre, si has estudiado o no, la autoridad que Dios te ha dado es tuya, la cabecera de la mesa está dondequiera que te sientes. Tú serás quién siempre dará las órdenes en el mundo espiritual, recibe tus fuerzas en el nombre del Señor.

Si por algún motivo le fallaste a Dios y te sientes mal por eso, no dejes que el enemigo te diga que perdiste tu lugar en la mesa. Acércate a Jesús de Nazaret, pídele perdón y recupera tu estatura espiritual. Pero no vuelvas a caer más en lo mismo. No tienes que ser esclavo. Jesús te libertó.

Dios siempre te recibirá con vestido nuevo, anillo al dedo, con el becerro gordo preparado deliciosamente para ti y con una gran fiesta. Si eres hijo de Dios, jamás serás un jornalero. Todo lo que el Señor tiene es para ti, para que lo disfrutes.

Por otra parte, el hermano mayor no se sentía dueño de lo que su padre poseía. Le reclamó un becerro gordo, una fiesta. Su vida debió haber sido muy aburrida, sin nunca haber podido disfrutar de las bendiciones que merecía como hijo. Le dijo: "Siempre te he servido, pero nunca has tenido tratos especiales para conmigo". A lo que su padre le respondió: "Todo lo que tengo es tuyo, puedes usarlo, puedes tomarlo, lo que tengo es para ti".

Dios te ha entregado una autoridad que te permitirá poseer, reclamar y disfrutar de todo lo que Jesucristo compró para ti.

Dios te ha dado el poder para derribar toda fortaleza y problema que encuentras en tu vida. La Biblia dice que Jesús nos dio autoridad:

> "He aquí os doy potestad de hollar serpientes y escorpiones y sobre toda fuerza del enemigo y nada os dañará".
> —LUCAS 10:19

Ejercer la autoridad que Dios nos ha confiado, trae beneficios. El mundo espiritual se acomoda y se alinea según las órdenes que das. Eres la extensión de Dios en la tierra. Piensa en lo que puedes cambiar en tu vida. Si tomas una decisión hoy puedes ponerle punto final a aquello que quieres cambiar.

Cierta vez estaba en mi tiempo de oración y de repente vino un pensamiento a mi mente. ¿Por qué no le pides a Dios que pague tus deudas? Hmm...Nunca se me había ocurrido. Entonces me dije: "Lo intento, no pierdo nada". Así que comencé a orar en esa dirección: "Señor, paga mi casa. Cancela mi deuda". Había pagado mis mensualidades de la casa por años y sólo me faltaban siete años para cancelarla. Así que oré por esa deuda y se la presenté al Señor.

Al cabo de unos días, un familiar que no sabía nada del asunto me llamó y me pidió que nos encontráramos en el banco. Conociendo a mi pariente me imaginé que era para realizar algo a su favor, pero de todas maneras fui a su encuentro. Mi sorpresa fue que al encontrarnos pidió mi cédula de identidad, se la entregó al oficial del banco y le dijo: "¿Cuánto le falta para cancelar la deuda su casa?". El oficial hizo su cálculo y respondió la suma que aún adeudaba. En ese momento tomó su chequera e hizo un cheque por la totalidad de la deuda. Se imagina mi rostro boquiabierto, sin poder decir mucho, solo manifestarle mi gratitud por ese detalle.

Al salir del banco iba brincando de emoción y de alegría, especialmente con Dios. Pero de repente me molesté conmigo misma y me reclamé el hecho de no haber orado así anteriormente.

Porque el que busca, halla; el que pide recibe; al que toca se le abrirá. Pero, y ¿qué si estamos acostumbrados a las deudas? Y ¿si simplemente nos acostumbramos a tomar las mismas pastillas todo el tiempo? ¿Qué tal si no se nos ocurre orar por el cambio de una situación?

Es impresionante la manera en que Dios se mueve en nuestra vida. Puedes tener la seguridad de que el Señor tiene todo un ejército de ángeles destinados a tu favor. Junto a ti hay ayuda sobrenatural. Pídele que llene tu mente de todas las posibilidades que tienes.

Que no hayas recibido la respuesta a tu petición de oración hoy, no significa que todo está perdido, mantente esperando un mover de Dios siempre. Date ánimo cada día. Háblate palabras de fe. Llena el ambiente donde te mueves con esperanza.

El milagro que Dios hizo conmigo a través de mi familia

me tomó totalmente desprevenida. Gracias a Dios que no demandó ninguna reacción de mi parte, sólo tomar una pluma y firmar el cierre de mi préstamo.

Así te ayudará el Señor a ti. Haz los preparativos para lo que estás pidiéndole a Dios. ¡Prepárate! Si estás orando por una casa, piensa desde ya cómo la quieres decorar. ¿Qué estilo de muebles quieres: Moderno, antiguo, clásico? Decide desde ya. ¿De qué color vas a pintar las paredes? ¿De cuántos metros cuadrado la quieres? Llena tu mente de respuestas anticipadas para peticiones que se cumplirán en tu vida.

La velocidad para creer es tan importante como la rapidez en obedecer. Cuando el Señor te da una palabra, actúa en ella. Necesitas establecer una relación con el Espíritu Santo de tal manera que cuando te hable sepas reconocer su voz. Esto se obtiene en un diálogo diario.

Permanece en paz con Dios. Repara el altar de la comunión y verás su mano poderosa. Lo más importante no es el milagro, es Dios. Ora y no desmayes. Busca amistades que hablen tu mismo idioma de fe. Cuando te falte, ellos te impulsarán.

Atrévete a creerle a Dios y verás cosas grandes. Permite que renueve tu mente con pensamientos que provienen de él. Es necesario nacer de nuevo para ver el Reino de Dios.

Ora junto a mí:

"Padre celestial, te doy gracias porque me escogiste desde antes de la fundación del mundo. Gracias porque me has dado gozo. Declaro que nada ni nadie podrán quitarme lo que tú me has regalado. Usa mi vida para bendecir a otros. Te dedico mis días, en el nombre de Jesús de Nazaret. Amén".

Capítulo 4
PROCRASTINACIÓN

¿**R**ECUERDAS LA PARÁBOLA de las diez vírgenes? Era el momento más esperado por todas las chicas del pueblo, pero sólo diez tenían el privilegio de participar en el gran evento. Habían hablado tanto sobre esta oportunidad, que cada día se sentían emocionadas por lo que ocurriría en el futuro.

Todas escogieron, como cualquier joven, el modelo del vestido que mejor les lucía, los más hermosos colores, las telas más suaves que engalanaran sus finas figuras, el mejor collar, los aretes más bonitos y los zapatos más espectaculares. No se requiere de mucha inteligencia para darse cuenta rápidamente lo que le gusta a una persona, especialmente a una mujer.

Cada persona destina tiempo a lo que le parece que es lo más importante en su vida. Muchas veces sin seguir un orden, simplemente van dejando atrás las cosas que les gusta menos, o las que no les llama la atención.

En el tiempo antiguo los matrimonios eran diferentes a los de nuestra época. Después de preparar el hogar para su esposa, el esposo vendría a buscarla. Así que la costumbre era que la novia y sus damas de honor durmieran con una lámpara cerca de la cama, un velo y otras cosas.

La coordinación del evento era importante, ¿acaso no se prepara uno para que todo salgan bien? La emoción se hacía presente a cada minuto. Todas se preguntaban, ¿cuándo llegará el día de lucir las galas?

Todo instante de nuestra vida está constituido por detalles que hacen la diferencia y que arrojan resultados. Vez tras vez vivimos momentos que nunca más se repetirán en nuestra vida. Segundos, minutos, horas, días, meses y años que nos dejan atrás sin darnos cuenta.

La mente puede hacernos jugadas. Seguramente se te habrá ocurrido estar listo para algo, pero a última hora te das cuenta de que se te olvidó lo más importante: ir al banco a depositar.

El día tan esperado había llegado finalmente. Todas estaban absolutamente ataviadas, se veían hermosas. Tenían sus lámparas preparadas para el camino. Pero un pequeño detalle marcó la diferencia entre las diez.

Hay detalles que nos hacen quedar bien y otros que revelan parte de nuestro interior. En realidad somos lo que pensamos y hacemos lo que nuestro sistema de prioridades nos indique.

La diferencia entre la insensatez y la sabiduría tiene que ver con preparación anticipada. Uno puede darse cuenta en qué sitio estamos de acuerdo a nuestras acciones.

La insensatez de otros siempre trata de afectar a los que poseen la sabiduría. Sin embargo, el sabio ve el mal y se aparta. Hay cosas en la vida que no se pueden postergar. La palabra *procrastinación* significa: "Diferir, aplazar una acción". Son las personas que dejan todo para última hora. los sinónimos de esta palabra son "posponer, delegar, dejar para mañana lo que tienes que hacer hoy". La vida no consiste tanto en lo que puedes hacer, sino más bien en las cosas que tienes que hacer hoy.

Todos podemos evitar quedarnos sin aceite si tomamos las provisiones necesarias. Podemos vivir mejor si planificamos nuestras prioridades, si escribimos nuestra visión y si no quitamos nuestra mirada del esposo que viene pronto.

Hay personas que padecen de este problema llamado *procrastinación*. ¿Conoces a alguien con esta situación? Recuerdo mis primeras experiencias con la *procrastinación*. Cuando todavía era una estudiante y debía hacer las tareas, personalmente había algunas que disfrutaba y otras no. Siempre dejaba para el final las que no me gustaba hacer. Estoy segura de que muchas veces habrás salido de tu casa y dicho: "Voy a comprar esto y lo otro", pero por algún motivo cuando llega la hora de hacerlo, dices la palabra "después". Entonces regresas a tu casa y te das cuenta que "después, nunca llega", y lamentas no haberlo hecho inmediatamente.

Los pequeños detalles que vas adquiriendo en tu vida son los que forman tus hábitos, tu carácter, tu personalidad. La procrastinación es un mal hábito. Se posterga por ciertas razones como prioridades, pereza, mala costumbre, falta de interés, dependencia de otras personas.

Jesús tomó el tiempo necesario para enseñarles a sus discípulos la gravedad de la procrastinación, especialmente con respecto a nuestra vida espiritual. Es así que les comparte la parábola de las diez vírgenes. El compromiso de estas jóvenes era prepararse para cuando el esposo de su amiga llegara a buscarla y llevársela con él, y así acompañarla en su fiesta. Necesitaban estar listas, preparadas, porque no sabían cuándo llegaba el novio.

Al compartirles la parábola a los discípulos, el Señor etiqueta los hábitos de las diez jóvenes y las separa en dos grupos. Las define bajo los términos "prudencia" e "insensatez".

Dijo que cinco de ellas eran prudentes. Usualmente cuando nos referimos a personas prudentes estamos diciendo que son inteligentes y que están plenamente conscientes de todo lo que les rodea.

También dice que las otras cinco eran insensatas. Busqué en el diccionario el significado de *insensatez* y describe a personas como sin aprendizaje, vacías, negligentes, tontas.

Jesús compara el reino de los cielos a las diez vírgenes, porque hay de todo en la viña del Señor. Personalmente prefiero ser del grupo de las prudentes. Las diez vírgenes tenían buenas intenciones, pero se necesita mucho más que eso para llevar adelante proyectos y planes.

Esta parábola es importante porque lo que eres en el mundo natural serás en el mundo espiritual, y lo que eres en el mundo espiritual, serás en el mundo natural.

Entre más conozcas a Dios, tu mundo natural irá mejorando. Este es un paralelismo, porque tu vida espiritual siempre tendrá efectos sobre tu vida natural. Una ley espiritual que siempre se cumplirá. Por eso te conviene acercarte cada día más a Dios, para que te ayude a adquirir más de su sabiduría.

No importa lo que la gente diga de ti, cada día eres una mejor persona. Posiblemente nadie te felicite por los cambios que estás haciendo, pero lo más importante es que tú sí los notas.

El Señor Jesús señala lo siguiente:

> «Las insensatas, tomando sus lámparas, no tomaron consigo aceite».
>
> —Mateo 25:3

El deseo de Dios es que tengas grandes oportunidades en esta vida, que te inviten a la boda. Su deseo es que te consigas una buena lámpara para alumbrar tu camino, pero que te tomes el tiempo para prepararte y obtener suficiente aceite para que ilumine tu camino.

Nunca pierdas una gran oportunidad. Ni permitas que te la arrebaten de la mano. Aprovéchala al máximo. En el cielo todo está arreglado para que sobresalgas, para te distingas como una persona exitosa.

Tenía un jefe militar llamado Durfee que me enseñó la Ley de Murphy. Como estaba comenzando mi vida profesional me fue necesario aprender hábitos que no enseñan en la escuela ni en la universidad. Recuerdo que este señor fue muy exigente conmigo, cosa que le agradezco muchísimo porque me formó profesionalmente, aunque sinceramente en ese momento me molestaba.

Cuando el sargento llegó a la Base Naval de Rodman un grupo de ingenieros y arquitectos trabajábamos para él. Al principio, algunos de mis compañeros lo menospreciaban, pero aprendimos mucho de sus enseñanzas. Era un ogro amargado, que fumaba mucho y decía palabrotas, similar a aquellos que muchas veces aparecen en las películas de cine.

Al comenzar a presentarle los trabajos, en oportunidades cuando no habíamos podido terminar las asignaciones, le dábamos buenas excusas que justificaban la razón, pero él estallaba como una olla de presión. Esto desarrolló en cada uno de nosotros el hábito de la planificación y la preparación. Nos decía: "Siempre anticipen los problemas. Prepárense por un "por si acaso". Nunca asuman. No quiero oír excusas". Y finalmente lo que dice Murphy: "Calculen por si aparece el peor escenario". Creo que el sargento Durfee pensaba que la oficina era un campo de guerra y que cada trabajo era una tarea contra el enemigo al cual había que vencer todo el tiempo. Pero gracias a él aprendí lo que nunca me enseñó la universidad.

Dios ha declarado maravillas sobre ti y tu familia. Si tienes que poner orden en la casa, hazlo, conviértete en un sargento Durfee. Permite que otros sean tus sargentos que te ayuden a mejorarte. Ten la suficiente humildad para reconocer tus faltas, tus errores. Toma medidas de disciplina personal para que puedas superarte. No te acobardes por nada en el mundo.

Tengo una tía que amo mucho, es una mujer esforzada, ama a Dios con todo su corazón, pero la recuerdo como la tía que siempre llega tarde a todo. Desde que tengo uso de razón, toda su vida ha llegado tarde, no importa la magnitud del compromiso. A las fiestas de la familia, a la iglesia, a sus compromisos personales. Cuando la abordaba con reclamos su respuesta siempre era: "Es que yo soy así".

Dios quiere que tengas tu lámpara con aceite preparada y que nunca te falte. Ser cristiano no es suficiente para que vivas bien en esta vida. Necesitamos aprender a ser disciplinados, planificadores, organizados, esforzados, honrados, íntegros, amables, trabajadores, consistentes, perseverantes, etc.

Hay varios principios que debemos aprender con respecto a nuestras acciones. Jesús espera que hagamos las cosas bien. Como hemos visto él separa a las vírgenes en dos categorías: Prudentes e insensatas. Dios te creó para realizar maravillosos proyectos, para que seas como José, como Daniel, con un espíritu superior.

Vivir bendecido en esta vida es el resultado de hacer tu parte, porque Dios ya ha hecho la de él. Hagas lo que hagas, hazlo bien. Las cinco jóvenes insensatas fueron sorprendidas. No dejes para mañana lo que debes hacer hoy. Atrasar las cosas puede hacerte perder una magnífica oportunidad. Hay un dicho que dice: "Lo que no se hace hoy, no se hace". Este pensamiento es familiar: "Mañana lo hago". Pero lamentablemente mañana se complica y tampoco se hace. Camina la milla extra y saca esa responsabilidad de tu lista.

Procrastinar hace daño. Es una costumbre de muchas personas, pareciera un descuido habitual. Si quieres que algo cambie, hazlo cambiar.

Una persona prudente es aquella que hace varias cosas para obtener un resultado exitoso. Las vírgenes prudentes decidieron prepararse de antemano para recibir al esposo. Dieron el paso para ir, prosiguieron, buscaron aceite, y estuvieron preparadas.

La persona prudente no se distrae, toma tiempo para realizar lo que tiene que hacer, aprovecha el momento. La mayoría de las personas no alcanzan sus metas, no es por falta de inteligencia, sino porque no han sabido administrar su tiempo, sus finanzas, sus vidas y sus oportunidades. Muestra interés en todo lo que hagas.

La Biblia dice:

"En lo que requiere diligencia, no perezosos; fervientes
en espíritu, sirviendo al Señor".

—ROMANOS 12:11

Hay decisiones que no pueden demorarse. Tienes que actuar en el momento que Dios te indique. Moverte rápidamente
para vencer todo lo que el enemigo te quiere quitar.

He experimentado uno de los milagros más lindos en estos
últimos tiempos. Estaba preparándome para subir al altar de
la iglesia cuando un joven me acercó un papelito escrito con el
nombre de una niña de trece años que había sido secuestrada
en nuestro país.

Inmediatamente le dije: "Tráeme a la familia, quiero orar
por ellos". Vi los ojos llenos de lágrimas del papá y el dolor por
lo que había pasado. Él era un buen hombre con un corazón
sencillo. Tomé su mano y mientras oraba para que liberaran
a la niña, comencé a sentir que una corriente de electricidad
pasaban por mis brazos y se extendía hacia mis manos. Sabía
que el Espíritu Santo de Dios estaba a punto de hacer algo
grande. Compartí con los hermanos del Centro Cristiano Betania lo que había sentido y esa misma noche oramos con fe,
moviendo los cielos y enviando ángeles hacia donde estaba la
niña. A la vez, nos tomamos el tiempo para darle gracias a
Dios por lo que él estaba a punto de hacer. Al día siguiente,
nos enteramos que esa misma noche, a las pocas horas, los se-
cuestradores habían liberado a la niña. Dios es grande.

Existen acciones y oraciones a Dios que están destinadas
a ocurrir al momento de nuestra oración. La postergación de
una acción, de una visita, de una oración, puede costar la vida
a otra persona.

Acciona y posee ahora la tierra que Dios te entregó. No pos-
tergues tus conquistas espirituales. Nadie te podrá quitar lo
que Dios te ha entregado, pero "no dejes para mañana lo que
tienes que hacer hoy".

Hace unos años estaba antojada de comer unos guineos

manzanos. Estuve una hora buscándolos por varios puestos de frutas a lo largo de la ciudad y no los encontraba. Simplemente nadie tenía. De repente, fui hacia una dirección inusual y allí los encontré.

Emocionada, me senté en el carro para ver los guineos. Mientras estaba contemplándolos y decidiendo si los compraba todos, llegó un hombre, se acercó al puesto de venta, se bajó de su vehículo y compró toda la guinea. Al ver lo que estaba pasando, rápidamente me bajé del mío para ver si podía negociar con el dueño para que no le vendieran toda, pero mis palabras fueron inútiles. Me habían quitado de las manos lo que tanto había buscado. ¡Qué gran lección aprendí ese día! En cuestiones de segundos perdí mis tan buscados guineos. En mi procrastinación, otra persona se anticipó a comprar mi guinea. ¡Que Dios nos ayude a ser más proactivos, a prepararnos mejor, a ser siempre fieles para que ninguno tome nuestra corona, ni nuestra guinea!

El sabio Salomón dijo en Eclesiastés 9:10: "Todo lo que te viniere a la mano para hacer, hazlo según tus fuerzas". Que nada te quite tu oportunidad, tu privilegio, lo que te pertenece, solo porque no has hecho lo que tenías que hacer. Haz tu parte en todas las cosas. No dependas de los demás. Dios te ha dado la capacidad para llevar a cabo todas las cosas.

Recuerdas a las cinco vírgenes insensatas. Cuando no hicieron lo que tenían que hacer, lo más fácil para ellas fue pedirles a las otras cinco que les dieran de su aceite. Usualmente eso es lo que hacen los que dejan las cosas para el último minuto, tan pronto tienen un problema corren a otros para que los ayuden.

¿Recuerdas a mi tía y su respuesta "es que yo soy así"? Los malos hábitos pueden ser cambiados, requiere trabajo, pero "todo lo podemos en Cristo que nos fortalece".

La Palabra de Dios dice que "cada día trae su propio afán". Depende de ti prepararte para hacer realidad tus sueños.

Piensa con anticipación. Aunque otras personas se rían de ti, permanece preparado para cualquier situación. Enséñale a tu familia, a tus hijos, a caminar pensando siempre por adelantado. Aunque ahora mismo quizás no lo veas, te aseguro que las personas te valorarán pues siempre tienes aceite en tu lámpara.

Si Jesús hiciera una parábola de nosotros, ¿qué diría? Si fuéramos parte de esas diez personas de la parábola, ¿a qué grupo perteneceríamos?

Proyéctate de tal manera que seas siempre considerado como una persona que planifica. Vive tu vida para Dios. Alguien dijo: "Vive de tal manera como si Jesús fuera a venir por nosotros hoy, y planifica como si viniera en cien años".

Ora junto a mí:

> *"Querido Padre celestial, has sido fiel a mí y te doy gracias por el amor que me das. Quiero honrarte con todo mi corazón y vivir para ti. Ayúdame a obedecerte en todo momento y a crecer en el conocimiento de tu Palabra. Dame tu mano para caminar contigo todos los días de mi vida. En el nombre de Jesús. Amén".*

Capítulo 5
ESFORZADO Y VALIENTE

NATANIEL LOWE SIEMPRE fue un hombre con escasos recursos. Vendía llamadas en celulares en una de las calles de la ciudad. Sin mucho dinero y con situaciones difíciles en su vida, se levantaba cada mañana para ir a trabajar y ganar el sustento de cada día. Sin embargo, por ser hijo de pastor, conocía acerca de la fe y siempre le pedía a Dios que lo ayudara a salir del pozo en que se encontraba. Cada mañana se levantaba, iba a su puesto de venta ambulatorio y gritaba con todas sus fuerzas: "Llamadas a celular. Llamadas a celular".

Un día su vida cambió. Un amigo le habló acerca de una oportunidad. No necesitaba invertir mucho, era un negocio de redes de mercadeo en el que tenía que desarrollar una estructura. Nat, creyó en las palabras de su amigo Eduardo Marín, así que comenzó su negocio según las instrucciones que le había dado. Nadie creía como él, ni siquiera su esposa, pero Nat fue perseverante y esforzado. Mucha gente le decía que no perdiera su tiempo, que no iba a lograr nada, pero él los ignoraba. Estaba decidido a cambiar su historia y la de su familia y sabía que si seguía vendiendo tiempo celular no iba a lograr sus sueños.

Se instruyó, se preparó, trabajó con mucha dedicación y pocos años después vio los resultados de su dedicación. Hoy disfruta de excelentes ingresos financieros, un automóvil último modelo para él, uno para su esposa, vive y viste muy bien. ¡Dios recompensa a los esforzados!

Ahora Nat se dedica a ayudar a otras personas a alcanzar lo que él ha logrado. Y como en todas las cosas, algunos le creen y otros no. Lo he oído compartiendo acerca de su negocio de red, pero también he oído a otros decir que mejor se quedan como están porque no piensan pagar el precio. Cada uno se traza su futuro.

Dios ha prometido bendecirte. Si otros han podido, tú también podrás. Algo hará el Señor para ayudarte. Teniendo a Dios contigo no existe nada que no puedas lograr. A todos nos ha sido entregado un tesoro en vasos de barro. Frágil, pero sigue siendo tesoro. Atesorémoslo.

El *Fabricante de milagros* contó la Parábola de los talentos. Citó el reclamo del dueño de los talentos a aquel que decidió esconder el suyo:

> "Respondiendo su señor, le dijo: Siervo malo y negligente, sabías que siego donde no sembré, y que recojo donde no esparcí".
>
> —Mateo 25:26

El reclamo no fue porque el hombre no había hecho nada, realmente había hecho algo, pero negativo, escondió lo único que le había sido entregado. Cada uno es responsable de sus acciones y del resultado de sus hechos. Pídele a Dios el anhelo de tu corazón, Él te lo concederá.

Hubo un hombre llamado Jabes, que tenía su fe en Dios. Su nombre significa "concebido en dolor". Invocó a Dios diciendo:

> "Oh si me dieras bendición, y ensancharas mi territorio, y si tu mano estuviera conmigo, y me libraras de mal, para que no me dañe".
>
> —1 Crónicas 4:10

Entonces Dios le otorgó lo que pidió y lo hizo más ilustre que sus hermanos.

Eres invencible y no hay nada en este mundo que no puedas

alcanzar. Tu límite es el cielo. Así te creo Dios. Dile a tu hijo
que si sueña con ser presidente, puede lograrlo aunque tú no
tengas dinero ni seas de familia aristocrática. Diles a tus amigos
que obtendrás esa casa que estás soñando. Ten fe, Dios te ayuda.

Mi abuelita era mi maestra de escuela dominical, recuerdo
sus clases como si fuera hoy. Me impactó la historia del niño
Samuel y cómo Dios lo llamó mientras dormía. Tal fue el impacto que produjo en mí que le pedí a Dios repetidas veces
que me llamara por mi nombre. Mi apodo es *Chimby*, así que
le decía: "Por favor Dios di Chimby". Cuando llegue al cielo le
preguntaré al Señor si estaba profetizado que yo le sirviera o
si fue el anhelo de una niña que dijera su nombre, así como
había llamado a Samuel.

> "Samuel estaba durmiendo en el templo de Jehová, donde
> estaba el arca de Dios; y antes que la lámpara de Dios
> fuese apagada, Jehová llamó a Samuel; y él respondió:
> Heme aquí".
>
> —1 Samuel 3:3-4

Mi anheló fue oír a Dios decir mi nombre y a lo largo de
estos años en varias oportunidades me ha parecido oír la preciosa voz de Dios susurrando mi apodo.

En el reino de los cielos la relación con cada persona está
evaluada de acuerdo a lo que Dios nos ha entregado, pero tú
puedes cambiar lo que el cielo diga de ti. Lucha por alcanzar
lo inalcanzable, por poseer lo que nunca has tenido física-
mente, pero sí en el espíritu.

Jesús les dijo a sus discípulos que el reino de los cielos es
como una organización donde sus miembros son evaluados
de acuerdo a su desempeño. La parábola de los talentos habla
sobre las matemáticas de Dios y hace énfasis en los que tienen,
porque ellos recibirán más. Pero hay otro grupo, los que no
tienen, y aún lo que poco que tienen le será quitado. Pero tú
puedes decir: "Soy de los que tienen" porque el Espíritu Santo

está contigo. En su nombre puedes derribar muros, vencer faraones, abrir un mar de par en par, habitar como extranjero, y llegar a ser tan rico como Abraham. Aún siendo estéril puedes recibir fuerzas para concebir. Puede ser que hayas salido de una cárcel como José, pero Dios te pondrá en alto.

Me gustan las historias de las personas que transforman sus situaciones negativas en victoria, como la de Jocabed, la madre de Moisés. Según Éxodo 1 y 2, la orden estaba dada, se debía dar muerte a todos los niños pequeños. Pero ella tomó la decisión: su hijo no iba a morir. Su bebé era demasiado hermoso para simplemente aceptar su muerte. Faraón decretó una orden para matar a todos los niños de los hebreos, pero no pudo ponerle la mano encima al hijo de esa valerosa mujer.

¿Te imaginas lo que nos hubiéramos perdido si Jocabed hubiese sido una persona conformista? Ella defendió la vida de su hijo. Prefirió creer que cuando Dios nos entrega algo es para que seamos responsables y valientes. Moisés vivió porque así lo decidió su madre.

Seguramente conoces el resto de la historia. Dios respalda los esfuerzos. Dios está de parte de aquellos que son valientes y que pelean por no ser una cifra más de las declaraciones del enemigo.

También Sifra y Fúa fueron valientes. Ellas eran las parteras que decidieron no obedecer la orden del rey de Egipto para matar a los niños hebreos. Ellas no apoyaron la maldad del faraón. Fueron personas diferentes que no se dejaron influenciar por el mal. A causa de ello dice la Biblia que Dios les hizo bien, las hizo prosperar.

La hija del faraón prefirió la compasión. Cada persona establece su propio norte, los ganadores no se conforman con lo que les asigna el mundo.

Levántate como Jocabed y pelea por el futuro de tu familia. Levántate como Jabes y sé más ilustre que toda tu familia.

Me gusta el versículo de Isaías 38:20 que dice: "Jehová me salvará; por tanto cantaremos nuestros cánticos en la casa de Jehová todos los días de nuestra vida". Recibe fe en este momento. Toma fuerzas y declara con seguridad que serás prosperado en todo, así como prospera tu alma. Serás sano por las preciosas llagas de Cristo. Declara que avanzarás en tu vida espiritual y que el Altísimo será tu retaguardia. Declara que el Señor aumentará tus fuerzas como las del búfalo, que serás ungido con aceite fresco. Declara que florecerás como la palmera; que crecerás como los cedros del Líbano (Salmo 92:12). Que estarás plantado en la casa de Jehová. Que florecerás en esos preciosos atrios de Dios, y que aún en tu vejez fructificarás, que siempre estarás vigoroso y verde. Dios tiene su preciosa mano sobre ti.

No esperes que todo te sea puesto en bandeja de plata. Pon tus talentos a trabajar, toca las puertas, háblale a la gente, promueve tu negocio. Mi abuela decía: "Él que no anuncia, no vende". Declara con tu boca que Dios es quien te respalda, que él te bendecirá y que su mano estará sobre tu cabeza siempre.

La mayoría de aquellos que han sido prosperados comenzaron con grandes sacrificios, mucho esfuerzo y trabajo. Si decides poner de tu parte, darás pasos seguros hacia tu victoria.

Cuando viajas en un avión las reglas en caso de accidente dicen: "Use el cinturón de seguridad el máximo tiempo de vuelo que sea posible. Quíteselo solo en caso de emergencia". También dice: "En caso que viajes con niños y caigan las máscaras de oxígeno, ponte la máscara tú primero, después pónsela a tu niño".

Cuando lo escuché por primera vez me pareció un poco inhumano. No entendía el principio. La mayoría de nosotros hemos sido diseñados para servir a otros, para preferir a otros antes que a nosotros mismos. Pero oyendo la presentación de Jim Rohn en conferencia, entendí el secreto detrás de esta directriz: "Ponte la máscara tú primero, porque si tú estás bien, entonces podrás ayudar a tus hijos". Está bien que te desvives para servir a otros, pero saca tiempo para ti también. Nunca permitas que drenen tus fuerzas. Encuentra tiempo para ponerte primero tu máscara de oxígeno. Así podrás servir mejor. Esfuérzate, ten ánimo.

He aprendido el secreto del día de descanso. Dios nos mandó a no hacer nada un día de la semana para renovarnos, para rendir mejor, para tener tiempo en recapacitar, para tener fuerzas. Date tiempo para mantener una relación personal con el Padre celestial.

Si Dios descansó un día, cuánto más nosotros, los seres humanos. Quizás tienes mucha energía, tu agenda está completa, personas que demandan tu tiempo, pero haz un alto por lo menos un día a la semana. Todos necesitan un descanso. Si descansas producirás mejor, te llevarás mejor con las personas, tendrás más paciencia.

Si tienes sueños grandes y no has podido alcanzarlos, siéntate y analiza lo que te hace falta. Escribe un plan, preséntaselo a Dios y actúa. He notado que la mayoría de las veces es mejor comenzar los proyectos con personas que te puedan animar a cumplirlos.

Rodéate de gente que sepa más que tú. Aprende de ellos, atrévete a hacer preguntas que te ayuden a crecer. Sé humilde, escúchalos, evita hablar y conviértete en una esponja.

Con las ocupaciones del día te darás cuenta que si depende de otros, nunca tendrás la oportunidad de cumplir tus metas personales porque siempre tendrás cosas para hacer. Si quieres avanzar en tu vida, haz un alto y prepárate para lo que vendrá.

> "Cuatro cosas son de las más pequeñas de la tierra, y las mismas son más sabias que los sabios: Las hormigas, pueblo no fuerte, y en el verano preparan su comida; los conejos, pueblo nada esforzado, y ponen su casa en la piedra; las langostas, que no tienen rey, y salen todas por cuadrillas; la araña que atrapas con la mano, y está en palacios de rey".
>
> —Proverbios 30:24-28

Cuando el sabio Salomón menciona a la hormiga, se refiere a la preparación anticipada. ¿Quién no ha visto a las hormigas trabajando? La diligencia distingue a esos insectos. La verdad es que nunca he visto una hormiga perezosa. Pareciera que ellas no ven obstáculos. Peleo con ellas cuando se quieren comer mis plantitas. Derríbale la casa a una hormiga arriera y fíjate como la construye nuevamente. Esconde un dulce y verás cómo la hormiga sube al gabinete más alto, para conseguir lo que quiere. Debemos aprender a ser como ellas, a no decaer ante los obstáculos. Si se nos ha cerrado una puerta, toquemos y golpeemos hasta que se nos abra otra. Si el diablo te ha robado algo, arráncaselo en el nombre de Jesús y ejercita tu fuerza cristiana, la fe, y acompáñala con diligencia.

Si ves a las hormigas notarás que en su verano, cuando es tiempo de tomar el sol y de ponerse lentes oscuros, están trabajando para su invierno. Esa estación no las sorprende, ellas están preparadas.

Esta palabra es para ti, mi amado lector: "Empieza a prepararte para cuando llegue el invierno. No pedirás prestado, otros te pedirán a ti, porque has sido diligente, esforzado y porque tienes un Dios grande". Seamos como hormiguitas en todo lo que hagamos, aún más en nuestra vida espiritual.

Hace unos años atrás, fui invitada a una reunión de la cadena televisiva ENLACE en Costa Rica, cuando llegué saludé a todos. De repente vi a un hombre que estaba parado solo en el salón y como todo el mundo estaba hablando con otras personas, decidí acercarme y hablarle para hacerle el tiempo más ameno. Al presentarnos su nombre no significó nada para mí, así que seguimos intercambiando pensamientos.

Comenzó la reunión, me senté junto a él para traducirle lo que estaban hablando. De repente, lo anunciaron, él era el invitado de honor. Resultó ser que estaba sentada junto a Mart Green, el dueño de las librerías cristianas Mardel, una cadena de treinta y dos tiendas en los Estados Unidos. Su

padre había donado alrededor de 80 millones de dólares para
la Oral Roberts University, y allí estaba yo, sentada al lado de
ese millonario, simplemente porque quise ser amable y servir.
Al poco tiempo, Mart me llamó para invitarme a formar parte
de la Junta de Referencia de la Oral Roberts University. Esa invitación me sorprendió muchísimo, pero la acepté inmediatamente y de la cual me siento muy honrada.

Vive para servir a otros. Cuando lo hagas, comenzarás a
parecerte a Jesús de Nazaret, quien no vino para ser servido,
sino para servir. Ten confianza que si haces lo que te corres-
ponde con toda tus fuerzas, el Señor te abrirá puertas y bendecirá la obra de tus manos. Siempre ocurre así, lo poco nuestro
en las manos del Señor, llegará a ser mucho.

El Señor te ha bendecido y con lo que te ha entregado
puedes hacer más de lo que imaginas. No tienes que vivir con
menos de lo que sueñas. No tienes por qué conformarte con
menos, puedes cambiar cualquier situación.

Jesús narró la parábola acerca de los talentos y dijo:

> "Porque el reino de los cielos es como un hombre que
> yéndose lejos, llamó a sus siervos y les entregó sus bienes.
> A uno dio cinco talentos, y a otro dos, y a otro uno".
> —MATEO 25:14-15

Cada uno de nosotros ha recibido talentos de parte del
Señor de acuerdo a nuestras capacidades. Lo más importante
es negociar con lo que tenemos.

¿Has descubierto tus talentos? Quizás no los veas, pero los
tienes. Tú tienes algunos y yo tengo otros, pero en el Cuerpo
de Cristo, todos son para funciones específicas.

Tenemos la responsabilidad de avanzar, de trabajar con
lo que Dios nos ha entregado. Hay un millón de maneras
de lograr tus anhelos en esta vida, estoy segura que Dios te
ayudará.

Héctor es un joven talentoso que toca el piano. Cada vez

que lo escuchaba tocar en la iglesia pensaba: «Este muchacho debe grabar un CD instrumental para la venta». Un día hablé con él y lo animé que grabara su propia música. Se esforzó, practicó y al poco tiempo me estaba enseñando el resultado de su trabajo, un hermoso CD de música instrumental. Ya va por su segunda producción y es una gran bendición. Poco tiempo después fui a un restaurante de la ciudad y mientras comía, escuché un fondo musical hermoso, era el CD de Héctor. Me sentí feliz y satisfecha de haber sido un instrumento de inspiración para su vida.

Hace muchos años tuve la gran idea de pedirle a Dios que me diera el don de la fe. Lo que en realidad estaba pidiendo no era una fe común y corriente, sino una fe que mueva montañas. A partir de ese momento comenzaron a venir pruebas increíblemente grandes, pero a la vez comencé a caminar en un nivel espiritual por encima de lo que jamás había soñado. Eso es lo que todos necesitamos cada día, no sólo fe esporádica, sino que el don de la fe actúe en nosotros de día y de noche, en verano y en invierno.

Me di cuenta que la fe es progresiva es como una energía que se desarrolla y que se alimenta de nuestros pensamientos. Ejercita tu fe diariamente, hazlo a través de la oración por ti mismo y por otras personas. Verás la mano de Dios moverse.

Diariamente decidimos lo que queremos almacenar en nuestra mente ya sean pensamientos de fe o pensamientos de incredulidad.

A diario tomamos decisiones que marcan nuestra vida. Tomemos la decisión de procesar y aceptar solo lo que nos será de bendición, desechemos todo lo demás.

Dios mide nuestra fe y ve nuestros esfuerzos. Cierta vez el mismo Jesucristo le dijo a sus discípulos: «Hombres de poca fe». Jesús vio cómo reaccionaban ante las circunstancias y en otras palabras quiso decirles: «Discípulos míos, ustedes no tienen fe, lo que tienen es miedo". Preguntémonos, ¿cómo nos verá Dios a nosotros?

Hay tres palabras que pido incluyas en tu vocabulario: Trata, prueba, intenta. En realidad no hay nada malo si fracasas en el intento de algo. Fracasar es no probar, no tratar, no intentar. Gracias a Dios que Cristóbal Colón nunca se dejó influenciar por la gente que decía que el mundo era plano.

Cuando era niña tenía mi mente llena de historias bíblicas. No había carretera hacia la iglesia que mi mamá pastoreaba, así que todos los domingos caminábamos por montañas y campos aproximadamente dos horas de ida y otro tanto de regreso. Un domingo me paré de frente a una de esas montañas y empecé a darle órdenes. Le dije: "Quítate y échate en el mar", tal y como Jesús lo había dicho. Por su puesto, lo hice sin que nadie se diera cuenta, era mi reto personal con Dios.

Los años han pasado años y la montaña sigue en el mismo lugar. Cada domingo, por años, esperé que el monte se quitara, pero nunca ocurrió. Gracias a Dios que no me desanimé, pero en realidad yo no estaba pidiendo con inteligencia sino con presunción.

He aprendido que Dios me ayuda, que él me respalda. Hay otras montañas espirituales que se han movido porque él ha estado conmigo y respalda mis acciones y declaraciones.

Ponte de acuerdo en orar con otras personas y ejercita el músculo de la fe. Ora por los enfermos, por las finanzas. Ora por asuntos especiales, de vez en cuando detén la lluvia. Verás lo hermoso que es conocer el respaldo de Dios.

Decide hoy entrar a la escuela de la fe. Prepárate para cambiar tu estilo de pensamiento, tu estilo de vida. Adquiere la disciplina de buscar la voluntad de Dios en todo lo que hagas. Toma riesgos y emprende cosas grandes. Recuerda siempre que Dios tiene la última palabra en todo. Hay cosas que él te va permitir tener y otras que no. Así que debemos estar conscientes de que el Señor sabe por qué a veces no nos concede todo lo que queremos.

A través de un artículo de internet aprendí que el ser humano tiene más de 50,000 pensamientos en un solo día. Los estudiosos dicen que el 80% de ellos son negativos. ¿Te suena familiar: No puedo. No creo que lo logre. Imposible. Así ha sido toda la vida?

El pastor norteamericano Leland Edwards viajó a Panamá el siglo pasado, y allí se casó con una bella mujer con quien tuvo varios hijos. Uno de ellos, Lorenzo, estaba sentado en una de las bancas de la iglesia cuando comenzaron a recoger la ofrenda. El niño tomó el dinero que su mamá le había dado. Puso los diez centavos de la ofrenda y cuando metió la mano en la bolsa delante del ujier, sacó veinticinco centavos. El ujier asustado le contó a la pastora Barbarita lo que había ocurrido. Llamaron al niño y confrontado por sus padres ante lo ocurrido, dijo: «Cumplí lo que dice la palabra: "Dad y se os dará". Como Dios es fiel, yo tomé mi parte de la ofrenda». Sin duda, este niño creía lo que había oído, solo que no supo interpretar bien el significado de la palabra. Siempre que recuerdo a Lorenzo Edwards, me da risa, pero en realidad me ha enseñado una gran lección.

En lo referente a las promesas de Dios, mete tu mano y atrapa lo que Dios tiene para ti. Toma tu parte de lo que Dios ha destinado para tu vida, no te lo pierdas. La vida es demasiado corta y tenemos que aprovechar el mover de su gracia.

Aunque ahora mismo te sientas en un desierto, espera y confía, llegarás a tu oasis de bendición. Permítele a Dios sacarte de tu situación con brazo fuerte. Déjalo que ponga una nube delante de ti para guiarte. Permítele hacer su despliegue de grandeza, y aférrate a él.

Descubre tu talento, si lo pones a trabajar seguramente producirá frutos en abundancia. Piensa en lo que lograrás si te mueves en el tiempo de Dios, y haces todo lo que Dios te ha hablado.

Mi amigo Nat pasó de vender tiempo celular a manejar un BMW pagado totalmente en efectivo. Todo fruto de su decisión a creer que había encontrado un gran negocio, y así ocurrió. Lo más grande no es el dinero que ahora tiene, sino el cambio que ha ocurrido en su mente y en su corazón.

Si crees que tu restaurante es el mejor, así será. Si crees que eres el mejor ingeniero y te esfuerzas, así será. Si crees que tus hijos llegarán a ser presidentes, así será. Si crees que nunca vas a salir del lugar donde estás, así será. ¿Qué decides creer?

Deja que Dios llegue a tu vida y la transforme. Hará de ti una nueva criatura, de tal manera que tú mismo te sorprenderás.

El apóstol Pablo dice:

> "Por lo demás, hermanos, todo lo que es verdadero, todo lo honesto, todo lo justo, todo lo puro, todo lo amable, todo lo que es de buen nombre; si hay virtud alguna, si algo digno de alabanza, en esto pensad".
>
> —FILIPENSES 4:8

Ora junto a mí:

> *"Padre celestial, te doy gracias por la vida que me das. Te agradezco porque has sido bueno conmigo. Hoy tomo la decisión de pedirte que gobiernes mi vida, te entrego mi voluntad para que hagas tu voluntad en mí. Dame tus fuerzas y tu dirección. Te pido que me protejas y que tus ángeles acampen alrededor mío. Ayúdame a acercarme más a ti y que tu Espíritu Santo esté conmigo siempre. En el nombre de Jesucristo. Amén".*

Capítulo 6
SEÑOR DE REVELACIÓN

HACE AÑOS ATRÁS tuve un sueño que me llamó mucho la atención. Veía el dibujo de un pulmón con un montón de puntitos. Cuando me desperté no podía olvidar lo que había soñado y le pedí al Señor que me dijera el significado. Ese mismo día tuve que llevar a mi mamá al doctor pues tenía una tos desde hacía varios días y algo en la piel que parecía una alergia severa. El médico dijo que era un herpes. Debido a lo que había soñado le insistí al doctor que le ordenara hacer una radiografía de los pulmones, a lo cual accedió. Para nuestra sorpresa, se descubrió que mi mamá tenía uno de sus pulmones lleno de agua. El personal de radiografía nos dijo que si no lo hubiéramos detectado, en cuatro días hubiera muerto. Entonces comprendí el significado del sueño. ¡Dios le había salvado la vida a mi madre!

Servimos a un Dios que lo sabe todo. No hay nada oculto para él. Todo está revelado ante su presencia. Nada lo toma por sorpresa. Dios es Dios de revelación.

En el plano natural solo se ve lo que tus ojos alcanzan a ver. Por experiencia sabes que para poder ver más lejos hay que subir a las alturas. Entre más alto estés, más lejos verás.

Las cosas grandes que Dios tiene para ti tampoco se ven desde un plano natural, quizás ni se distinguen. Para poder dimensionarlas, tienes que sentarte con Cristo en los lugares celestiales y solo así podrás divisar en tu espíritu todo lo que él ya tiene preparado para ti.

¿Cómo lograrlo? Dios es espíritu revelador, él conoce tu futuro y quiere revelártelo, entre más tiempo pases con él en oración recibirás mayor autoridad y tus sentidos espirituales se despertarán.

Antes me preguntaba: ¿Cómo sabré cuando es Dios el que me habla y no soy yo misma? Seguramente tú también te la has hecho. Ahora entiendo que es un paso de fe. Hay que acostumbrarse a escuchar su voz dentro de nuestro interior.

Cuando Dios llamó al niño Samuel, estaba durmiendo en el templo y escuchó una voz que decía su nombre. Al principio no la reconoció y pensó que era Elí, el sacerdote. Pero era Dios que estaba llamándolo, pero no lo reconocía.

Pero luego Samuel la reconoció y dijo: "Habla, porque tu siervo oye" (1 Samuel 3:10). Haz como Samuel y dile a Dios: "Habla que tu siervo oye". Mantén tu corazón en paz con Dios y con las otras personas.

Una mañana recibí una llamada telefónica, era Andrea, mamá de un niño de diez años al cual quiero mucho. Casi no le entendía mientras me hablaba, estaba llorando y me dijo: "Pastora, mi hijo se perdió". No podía creerlo. Enseguida salí para su casa y me contaron lo que había pasado. La policía ya estaba allí, revisando todo, preguntando y averiguando. Aproveche el tiempo y les dije a todos: "Vamos a orar. El niño aparecerá y estará bien. Nada malo le ocurrirá".

Nos pusimos a orar y le pedimos a Dios que su protección estuviera sobre el niño. De repente se me ocurrió algo más que sólo orar por protección, sino también para que el Señor que nos guiara exactamente hacia donde estaba el niño.

Al rato salimos a la búsqueda. La policía por un lado con sus radios, sus carros, todo su estamento, y yo por el otro con algunas personas de la iglesia. De pronto el Señor me inspiró para que fuéramos a un lugar de la ciudad. Fue una impresión, algo que me vino al pensamiento, y nos dirigimos hacia ese lugar. Hay tantos sitios a donde puede ir un niño: a la casa de su abuela, de sus amigos, un autobús…Era como buscar una aguja en un pajar. Pero fuimos obedientes y nos dirigimos al lugar que el Señor me había dicho.

Estábamos acercándonos y mientras acomodábamos el vehículo para estacionarnos, vi al niño saliendo del área de los estacionamientos y corriendo hacia dentro del centro comercial. No podía creer lo que estaba viendo. Llamé inmediatamente a su mamá y enseguida mandaron a la policía para buscarlo. Todos quedamos sorprendidos por el mover de Dios. El cuerpo de policía estaba bien organizado y buscándolo, pero aún con todo su tecnicismo, no lo encontraban. El Espíritu de Dios sí sabía exactamente donde estaba, y él nos guió directamente hacia allí.

Esa es la superioridad de Dios. Esa experiencia ha sido grandiosa en mi vida. Estaba viviendo algo nunca antes había experimentado. Cuando clamamos a Dios, nos responde y nos manifiesta los secretos guardados.

El Espíritu Santo sabe todo lo que necesitamos saber. Jesús de Nazaret lo sabe todo y su Espíritu Santo te ha sido dado para tu provecho. Tiene atributos inexplicables para la mente humana. A él le gusta que lo consultes, que lo tomes en cuenta. Él es Omnisciente. Lo sabe todo. Es Omnipotente. Tiene todo poder. Es Omnipresente. Puede estar en todos lados a la misma vez.

Después de haber despedido a sus discípulos Jesús se quedó solo en Samaria, con el propósito específico de salvar a toda una comunidad. Allí, en el pozo de Jacob, se encontró con la mujer samaritana, para ese momento había peleas entre los judíos y los samaritanos, pero Jesús cruzó el puente racial y tuvo una conversación con ella. Le pidió de beber y se inició una conversación teológica acerca del agua. La estocada final vino cuando Jesús le dijo: "Ve, llama a tu marido, y ven acá" (Juan 4:16). La mujer respondió: "No tengo marido". Cualquier persona hubiera dejado el caso hasta allí, pero Jesús quería ir más allá y transformar la vida de esa mujer. Entonces le dijo: «Bien has dicho: No tengo marido; porque cinco maridos has tenido, y el que ahora tienes no es tu marido; esto has dicho con verdad» (Lucas 4:17-18). ¡Wao! ¡Eso fue una bomba!

"Señor, me parece que tú eres profeta", declaró la mujer y nuevamente entraron en una conversación teológica, ahora sobre la adoración. Una revelación privada sobre la vida de una persona, deja frío a cualquiera. ¿Cómo sabría? ¿Con quién estaría hablando? Verdaderamente Jesús es lo máximo.

Quizás te encuentres en una situación en la que necesitas el poder de Dios manifestándose en tu vida de forma sobrenatural. Permítele hablarte y que te guíe. Él es mejor que un GPS (sistema de posicionamiento global). Nunca falla. No necesita internet ni satélite.

Dios no hace acepción de personas, no tiene favoritos. Presta atención al texto que dice: "Clama a mí y yo te responderé y te enseñaré cosas grandes y ocultas que tu no conoces" (Jeremías 33:3). Dios promete responderte y enseñarte cosas grandes y ocultas que no has conocido. Si interpretas literalmente estas palabras puedo decirte que si clamas, pides, oras a Dios y mantienes comunicación con él, te sentará como en un salón de clases, te pondrá en la primera fila y él mismo será tu maestro. Te explicará todas las cosas. Permítele hablarte al corazón y revelarte los secretos bien guardados y los tesoros escondidos. ¡Dios es el Señor de las revelaciones! Una de las cosas que Dios quiere entregarte es el discernimiento.

> "El que de arriba viene, es sobre todos; el que es de la tierra, es terrenal, y cosas terrenales habla; el que viene del cielo es sobre todos".
>
> —JUAN 3:31

Me gustan las películas de aventuras y espionaje porque uno puede ver un despliegue de tecnología que va más allá de nuestra imaginación. Muchas veces nos hace pensar si en verdad los gobiernos tienen equipos tan sofisticados que aún pueden detectarnos desde un satélite. *Chips*, rayos infrarrojos, señales, cámaras peatonales que te están viendo aunque tú no te des cuenta. Todo eso es parte del avance de la ciencia. Pero aún con todo ese equipo sofisticado, siguen habiendo atentados y situaciones malas, porque el hombre nunca podrá ser como Dios. Proverbios 15:3 dice: "Los ojos de Jehová están en todo lugar, mirando a los malos y a los buenos".

Si me preguntas y para qué sirve el discernimiento, te diré que es como una corneta que te avisa cuando estás por enfrentar un problema, o como un timbre que oyes cuando alguien te quiere hacer una trampa o engañarte. Permite que Dios te hable al oído y te revele los planes que tiene para ti. Permite que Dios te asesore en todo lo que vayas a hacer.

Hace unos años iba a firmar un contrato. Las especificaciones ya estaban listas, los planos preparados, pero en el contrato había unos errores de los cuales no me había percatado. Otras personas habían preparado todo para mi firma. Sin embargo, esa mañana mientras me estaba bañando, Dios me habló a la mente y me dio el número de una página del contrato y me dijo: "Revísala". Me vestí y fui a la oficina. Tomé el contrato que era de alrededor de unas doscientas páginas, y busqué directamente la página que el Señor me había dicho. Allí estaba el error que se le había pasado a la persona que lo había escrito. Gracias a Dios pudimos corregirlo para no perder dinero.

En la Biblia encontramos a Salomón que escribe acerca de otro animalito: el conejo. Los asocio con la palabra "discernimiento" "Los conejos, pueblo nada esforzado, y ponen su casa en la piedra" (Proverbios 30:26). En la versión de la Biblia, Traducción en lenguaje actual se refiere al término "nada esforzado" como "pueblo indefenso". Y en realidad lo son.

Cuando era pequeña tuve un conejo. Recuerdo varias

características del pequeño animal: sus dientes duros, ojos grandes y redondos, mirada fija, siempre en movimiento.

Los estudios acerca de conejos revelan que sus cuerdas vocales son muy rudimentarias, por eso no emiten sonido, solamente mueven la nariz. En cambio, sus orejas pronunciadas ayudan a su mejor audición. Los conejos no dependen de sus propias fuerzas, como son indefensos ponen su casa sobre la roca. Cada vez que la Biblia hace referencia a la "roca", se refiere a Cristo Jesús, nuestra roca. Nosotros somos indefensos, es por eso que debemos poner nuestra casa, nuestra familia y nuestras finanzas sobre la roca.

Dios puede hacer cosas que ojo no vio, ni oído oyó, ni ha subido al corazón del hombre, porque son las que Dios tiene preparadas para los que le aman. Que Dios nos dé orejas y ojos espirituales para ser entendidos en los tiempos, como los hijos de Isacar.

Voy a contarte algo especial que me pasó, algo que me demuestra que Dios tiene sus bendiciones bien escogidas.

En 1994 visité la iglesia Angelus Temple en la ciudad de Los Ángeles, California, fundada por una pastora llamada Aimee Semple McPherson, el 1 de enero de 1923. Luego de ingresar me paré en el púlpito y allí, en ese altar, a solas con Dios, le dije: "Señor lo que Aimee no pudo hacer para ti, yo quiero hacerlo". Eso fue todo lo que oré, luego regresé a Panamá.

A principios de noviembre 1997 recibí en mi país al presidente de la Iglesia Cuadrangular de los Estados Unidos. Mi carro no estaba en muy buenas condiciones, pero aún así acepté acompañarlos y enseñarles Panamá.

En el mes de enero de 1998, el pastor me llamó para invitarme a compartir mi testimonio en la Convención Cuadrangular en la ciudad de Dallas, Texas, y me dijo: "El programa está completo. Sólo tienes 15 minutos para hablar". Realmente no me lo esperaba, pero ese día Dios me bendijo increíblemente.

Al día siguiente de mi presentación, el presidente de la Iglesia Cuadrangular me dijo que tenían una sorpresa para mí.

En la década de los treinta la pastora Aimee Semple McPherson viajó a Panamá y al regresar a los Estados Unidos levantó una ofrenda especial para instalar una emisora radial en Panamá para que todo aquel que pasara por el Canal durante la Segunda Guerra Mundial, pudiera oír acerca de Dios. Aimee recogió una buena cantidad de dinero, pero murió sin ver su sueño hecho realidad. Ese depósito había estado aproximadamente setenta años generando intereses en el banco. Nadie lo sabía o ni se acordaban de ese dinero, pero a Dios nada se le pasa por alto.

Ese día de 1998, el hijo de esa predicadora estaba sentado en la primera fila, al verme se acordó del sueño de su madre. Así fue como el Dr. Rolf McPherson me entregó ese dinero para comprar inmediatamente una emisora de radio en Panamá. Esa mujer había tenido una visión, y casi setenta años después, Dios me usó para cumplirla. ¡Qué maravilloso es el Señor!

Te cuento esta historia para que estés consciente de que el Señor es el dueño de los tiempos. Sus bendiciones no tienen límites ni fecha de vencimiento. Su Palabra nunca vuelve vacía. ¡Él tiene cosas grandes para ti! Ante él no hay nada oculto que no haya de ser manifestado. Quiere contestarte las preguntas que tienes, los interrogantes que has llevado dentro de tu corazón por muchos años.

Quiere revelarte los tesoros escondidos y los secretos muy guardados. Lo que Dios puede hacer en tu vida y en la mía es impresionante. Él conoce todo de ti.

En mi salmo favorito el rey David escribió:

> "Oh Jehová, tú me has examinado y conocido. Tú has conocido mi sentarme y mi levantarme; has entendido desde lejos mis pensamientos".
>
> —SALMO 139:1-2

Dios es nuestro creador. Nos conoce mejor que nosotros mismos.

Cuando era niña siempre tenía un sueño repetitivo, me veía caer al mar una y otra vez, y cada vez que tocaba las aguas me desesperaba por salir. Al despertarme del sueño notaba que era una gran pesadilla. Cada vez que conocía un sicólogo le preguntaba el significado del sueño y ninguna respuesta me satisfacía. Pero un día viajando a más de 30,000 pies de altura, mientras miraba por la ventana del avión, de repente se me ocurrió hacerle la pregunta a Dios: "Padre querido, te pido revélame el significado de mi sueño", y se lo conté. Ese mismo día el Señor me puso en el corazón lo siguiente: "Pregúntale a tu mamá si tuvo una experiencia en el mar cuando estaba embarazada de ti".

Al llegar a Panamá esa fue una de las preguntas que le hice a mi madre. Ella me contó que los primeros meses no sabía que estaba embarazada. Se fue a la playa a pasear y a disfrutar, pero de pronto una corriente marina la haló y casi se ahoga. Ese día ella luchó por su vida. Mi conclusión fue que como yo estaba dentro de ella, también sentí su desesperación y su lucha de sobrevivencia, de allí el sueño constante. Sólo Dios pudo revelarme algo así.

Dios te conoce desde antes de la fundación del mundo. Él tiene tu vida en sus manos. ¿Tienes preguntas? Preséntaselas a él. ¿Se te ha perdido algo? Pídele que te hable al oído o mientras duermes, que te ponga lo perdido al frente de tus ojos. Pídele estrategias, milagros, etc.

"Jesús vio venir a Natanael y dijo de él: He aquí un verdadero israelita en quien no hay engaño. Natanael le dijo: ¿Cómo me conoces? Jesús le respondió y le dijo: Antes de que Felipe te llamara, cuando estabas debajo de la higuera, te vi. Respondió Natanael y le dijo: Rabí, tú eres el Hijo de Dios; tú eres el Rey de Israel".

—JUAN 1:47-49

Ora junto a mí:

"Dios, tú me conoces mejor que nadie, eres mi Señor, el dueño de mi vida. Ayúdame a avanzar y a conquistar. Enséñame el poder de tu palabra y dame a conocer las bendiciones de tu misericordia. Pido tu bendición para mi vida hoy y siempre. Amén".

Capítulo 7
TOMA LA INICIATIVA

LICIA MACÍAS TENÍA aproximadamente setenta y cinco años cuando la conocí. En algún momento de su vida sintió el llamado de Dios para salir por los barrios marginados de Panamá y hablarle a la gente acerca de Jesús. Nunca recibió un título de pastora ni de evangelista, tampoco recibió apoyo financiero como misionera para abrir obras. Sin embargo, fundó más de dieciocho iglesias, y aunque no obtuvo honores de parte de los seres humanos, siempre habló a otros de Cristo. Yo la llamó apóstol Alicia Macías.

Ella me contó que su familia y sus amigos cercanos le recomendaban que se quedara en su casa descansando, que abuelas de esa edad no debían andar por las calles evangelizando. Pero ella siempre les respondía que estaba haciendo la obra de Dios y que el Señor se encargaría de cuidarla.

No le fue fácil. La acompañé a algunos sitios, pues mi abuela se le sumó en su labor evangelizadora. Estas ancianas caminaban lomas, se metían por lugares donde había ladrones, de vez en cuando se escuchaban tiros al aire, pero nada de eso las desanimó.

Cientos de personas conocieron a Cristo por la iniciativa de esta mujer. Tan solo porque ella tomó la iniciativa de ser instrumento del Señor. Es maravilloso lo que Dios puede hacer con una persona que se atreva a creerle y a serle fiel ante un mundo tan necesitado. Conocí a varias familias que no tenían esperanza alguna de cambiar su vida, no había forma de salir de su pobreza espiritual, pero aún en medio de sus tormentas, conocieron al Salvador de su alma.

¿Qué es iniciativa? Puedo definirla en pocas palabras como "hacer lo que se debe de hacer, bien hecho; sin que nadie lo mande". La iniciativa no se fija si otros hacen o no hacen, se hace sin esperar nada a cambio. La iniciativa más grande y maravillosa que cualquiera puede tener es acercarse a Dios. En el nombre de Jesús serás inspirado para diferentes proyectos, tendrás fuerzas y ánimo para emprender porque el Señor te ayudará.

Dios quiere que te atrevas a emprender cosas grandes en su nombre. Su respaldo es maravilloso y especial. Me gusta el pasaje de Isaías 45.2: "Yo iré delante de ti, y enderezaré los lugares torcidos; quebrantaré puertas de bronce, y cerrojos de hierro haré pedazos". Si Dios tomó la iniciativa de bendecir de antemano a un rey persa llamado Ciro y darle una palabra profética, imagínate lo que hará contigo.

La Biblia registra una de las más arriesgadas iniciativas que tuvo Pedro, el discípulo. Ya había visto casi todo. Nada lo sorprendía. Su maestro había abierto los ojos de los ciegos, sanado leprosos, había hecho caminar a los paralíticos y sanado a los cojos. Había visto con sus propios ojos cómo tomó cinco panecillos y dos peces y el resultado fue un multitudinario almuerzo para más de cinco mil seguidores. Lo que le faltaba ver no era lo que su maestro podía hacer, sino más bien, lo que él podía hacer junto con su maestro. Pedro había seguido de cerca a Jesús, lo había visto hacer maravillas sobre la naturaleza y el ser humano. Al verlo caminar sobre el mar de Galilea, tuvo la iniciativa de provocar su propio milagro. "Si eres Jesús, llámame y caminaré contigo aún sobre este mar tempestuoso" (Mateo 14:28). El Señor aceptó su solicitud y lo llamó.

En esta ocasión Pedro aprendió varios principios importantes que podemos aplicar a nuestra propia vida. La iniciativa es una acción que se adelanta a la petición. Dios está buscando voluntarios que quieran servirle, personas que se atrevan a orar por los enfermos, que hagan detener el sol. Busca personas que den para su obra sin que nadie tenga que pedirles, que tomen la iniciativa de dar para la casa de Dios.

Otra lección que aprendió es que para hacer algo fuera de serie, hay que mantener la vista puesta en Jesús de Nazaret. No importa cuán fuerte ruja el viento a mi alrededor, sí Jesús nos ha llamado podemos tener la seguridad que jamás dejará que el mar nos trague. El viento puede ponernos nerviosos, pero si decidimos ignorarlo y escuchar la voz del Señor, no nos hundiremos.

El miedo hace que muchos comiencen a hundirse, como le pasó a Pedro. El miedo ata. Ignóralo y sigue avanzando, da un paso a la vez. Se hunden solo aquellos que se dejan influenciar por las tormentas. Podemos darnos cuenta quiénes son las personas que se dejan influenciar por aquellos que están a su alrededor con tan solo oírlos hablar cuando llega la tormenta.

Pedro aprendió su lección, caminar sobre las aguas es posible si no quitas la mirada de aquel que tiene todo bajo control. Las tormentas siempre son egoístas, quieren llamar la atención, hacen mucho ruido, sacuden con ímpetu, están destinadas a hundir a quien les haga caso.

¿Qué clase de personas eres? Si te has atrevido a bajarte de la barca, ese ya es un gran paso. Quizás los demás solo están dentro de la barca, seguros a medias, pero viendo desde lejos. La mayoría piensa que por quedarse dentro del barco nada les sucederá, pero la tormenta no respeta sino que sacude tanto a los que están tratando de caminar sobre el mar como también inunda a los que se han quedado dentro de la barca.

Pero nosotros somos de los que nos atrevemos. Somos de los que creemos que Dios es grande. De los que confiamos al pie de la letra. De los que ponemos nuestros ojos en Jesús.

Iniciativa, valentía y rapidez son factores importantes para aprovechar las oportunidades que aparecen en medio del camino. Tiene que ver con un espíritu emprendedor.

¿Crees en Dios? Entonces creerás que él todo lo puede, todo lo conoce. ¿Crees en ti? Quizás creas que no eres bueno para nada, pero realmente eres bueno. Sólo descubre tu don en aquellas cosas que más te gustan.

¿Crees que puedes triunfar en la vida? ¿Crees que te puede ir mejor? Siento esas palabras de Jesús de Nazaret resonando en mi corazón para decirte: "¿No te he dicho que si crees verás la gloria de Dios?".

La fe te distinguirá, la iniciativa siempre será recompensada. Sin embargo, permíteme mencionarte algo que está en mi corazón. Fe e imprudencia no son lo mismo. Te explicaré la diferencia con el caso de Pedro y su caminata sobre el mar. Él le pidió a Jesús que si era él le diera el permiso de caminar sobre el agua. Tan pronto como lo hizo, Jesús dijo: "¡Ven!". Pedro se atrevió a bajarse del barco luego del permiso de Cristo, no antes. Esa es la diferencia. Tu iniciativa debe ir acompañada por el permiso de Dios. Asegúrate de que todo lo que hagas esté dentro de la perfecta voluntad de Dios. Por algo cuando Jesús le enseñó a sus discípulos la oración modelo, dentro de las primeras líneas dice: "Hágase tu voluntad en la tierra como en el cielo" (Mateo 6:10, NVI). No hagas nada sin que Dios te dé su aprobación.

Cuando comprendas acerca de la voluntad de Dios te darás cuenta que no todas las oportunidades que se te presentan vienen de él. Comprenderás que en este camino cristiano no todas las señales que oigas significan que el Señor te las envió. Aprender a diferenciar las señales que Dios nos manda, no es de la noche a la mañana, pero se aprende. Cuando tomes la costumbre de consultar a Dios todo lo que hagas, caminarás seguro de no errar en tus decisiones.

El rey David expresó en el Salmo 40:8 lo siguiente: "El hacer tu voluntad, Dios mío, me ha agradado, y tu ley está en medio de mi corazón". Que Dios nos ayude a imitar al rey David en su deseo de hacer la voluntad de Dios.

Cuando tenía veinticuatro años pensé que exportar langostas sería un buen negocio ya que Panamá tiene mares en las dos costas. Lo comenté con mis compañeros de trabajo y cada uno de ellos tenía una recomendación para darme. Uno de ellos me presentó a un amigo que tenía otro amigo que vivía en una de las islas del Archipiélago de San Blas.

En poco tiempo ya estaba yo contactada con el hombre que me iba a conseguir las langostas. Lo primero que me pidió fue que le mandara $600.00 para comenzar a comprar las langostas. Ni lerda ni perezosa, le mandé el dinero. Por su parte, el hombre me dijo que ese mismo fin de semana yo tendría las langostas. El fin de semana pasó y las langostas no llegaron. El hombre me dijo que no había podido enviarlas por una huelga de pilotos. Pasó la siguiente semana y tampoco llegaron. La excusa fue el mal clima. A la tercera semana el hombre me dio otra excusa. Esa vez el mar estaba muy picado y no podían atrapar las langostas. Así por cuatro semanas, hasta que le pedí que me regresara el dinero. ¡Qué lucha tuve para que me lo enviara! Tuve que esperar tres meses para que el dinero volviera a mi poder.

El punto es que mi acción no fue fe, mi movida fue imprudente, porque ni siquiera se lo presenté a Dios. No sabía nada de langostas. No conocía el negocio y tampoco conocía al que supuestamente iba a ser mi socio, mi contacto. Tuve que orar, arrepentirme, llorar, pedirle perdón a Dios y corretear al supuesto socio. Definitivamente aprendí mi lección.

Asegúrate que cuando empieces un negocio, domines el tema y conozcas a la persona a quien le vas a confiar el ahorro de meses o de años.

Atrévete a hacer grandes proyectos para Dios, pero no te muevas sin su aprobación. Si él te da permiso, avanza, si no no muevas ni siquiera un dedo. Cada vez que Dios te dé el permiso para avanzar, no dudes en hacerlo. Aunque tengas que caminar sobre el agua, el Señor siempre te sostendrá.

Mucha gente se refiere al pasaje de Pedro acentuando el momento en que comenzó a hundirse, pero no destacan el hecho de que trató de hacer algo que nadie más intentó.

No tengas miedo de emprender algo grande cuando Dios te manda a hacerlo, el miedo paraliza. El Señor nunca te dejará hundir. Si tienes iniciativa traza una línea divisoria entre tú y los demás. Pasa tiempo con Dios y te revelará sus secretos. Ejercita tu fe, ella te abrirá caminos. Hazte la idea de una carrera de caballos, la fe corre varios cuerpos por delante de los demás. Todos corremos en la misma carrera, pero, ¿cuántos llegan a la meta? Eso es lo importante, proponte alcanzar tus bendiciones.

La fe te abrirá puertas. Recuerdas el caso de David y el ejército de Saúl. La fe de David lo hizo sobresalir. Te has preguntado ¿por qué razón con tantos nombres de la Biblia, en Hebreos 11 sólo se mencionan a catorce hombres y dos mujeres (una estéril y otra exramera). El escritor de este pasaje da un listado de los veintiún casos que atravesaron dificultades. Pasar por una tormenta en el mar de Galilea es un pequeño detalle comparado con todo lo que ellos vivieron.

He pensando mucho en lo que posiblemente pasaba por la mente de Pedro al ver a Jesús caminando sobre el mar. Me imagino que diría: "Quiero hacer exactamente lo que estás haciendo. Llévame a tu nivel".

Si caminas con Jesús, nada te podrá detener. Cuando experimentes obscuridad, Dios te alumbrará con su luz. Toma la iniciativa de bajarte de ese barco aún en medio de la tormenta. Materializa tus oportunidades. El Señor no te va a dejar solo, confía en su poder. Si él te dice ven, anda y corre hacia él.

Cuando desarrolles tu iniciativa habrá personas que querrán detener lo que te has propuesto hacer, no se los permitas.

Te encontrarás con cizaña aún en medio del trigo, pero sigue adelante con la inspiración que Dios te ha entregado.

Recuerdo que cuando comencé mi primer trabajo ganaba solamente $260 dólares mensuales a pesar de ser arquitecta. Un miércoles en la noche fui a un culto de oración y le pedí a un grupo de hermanos que oraran por mí. Ya llevaba tres meses en el puesto y quería aplicar a otra posición para ganar más. Mi sorpresa fue que entre el grupo de oración, uno de los líderes de la iglesia al final me dijo: "A Dios no le gusta la gente avara. Dale gracias a Dios por lo que tienes y confórmate". No lo podía creer. En vez de animarme, esta persona estaba regañándome. Los años pasaron y me alegro tanto no haberlo escuchado. Dios me bendijo con nuevas posiciones hasta alcanzar el lugar que anhelaba tener.

La iniciativa y el deseo de mejorar tienen enemigos, y a veces los encontramos aún entre los mismos seguidores de Jesús. La Biblia nos narra en Marcos 10:46-52 una historia poderosa. El ciego Bartimeo quiso llamar la atención de Jesús, cuando llegó cerca de él, se enfrentó a personas que intentaron callarlo. Pero eso no lo detuvo. El ciego no le hizo caso a la gente, los ignoró y siguió clamando hasta llamar la atención de Jesús de Nazaret. El resultado fue encontrarse con el *Fabricante de milagros* quien le dijo las siguientes palabras maravillosas: "¿Qué quieres que te haga?". Finalmente Bartimeo respondió: "Señor, que reciba la vista". Al instante Bartimeo recibió la vista. ¿Te imaginas lo que hubiera ocurrido al ciego de no seguir su propio impulso? ¿Y si le hubiera hecho caso a la gente que lo rodeaba? ¡Nunca hubiera recibido su milagro! ¡Jamás podrás quedar bien con todo el mundo!

Tus ideas no son locas. Dios las puso en tu corazón porque él tiene un plan grande para ti. A nadie se le ha ocurrido lo que a ti se te ha ocurrido, pero es importante que tomes la iniciativa y actúes rápido, porque si no lo haces, otro lo hará por ti.

Hace años en la iglesia armamos lo que llamamos "la pared

de los sueños". Cortamos varios metros de papel manila y lo pegamos a la pared. Le dije a la gente que hiciéramos un ejercicio juntos: Cada uno debía recortar una foto de su petición. Y así lo hicieron con mucha fe. Algunos pegaron corbatas, cruceros, niños, casas, carros, viajes en avión, esposo, esposa, etc. Fue una experiencia muy linda pararse frente a esa pared de sueños, pero más hermoso fue ver que los que se detenían también ponían las manos sobre los sueños de otros para orar por sus peticiones.

Escuché muchos testimonios de los sueños publicados en ese muro, pronto comenzaron a traer llaves de carros, de casas, para que lo dedicáramos al Señor, porque Dios les había contestado sus oraciones. El Señor se manifestó porque hubo personas que tuvieron iniciativa. Toma la decisión. Camina sobre el mar. Emprende algo grande. Confía en Dios. Jesús te está esperando.

Ora junto a mí:

> *"Padre celestial, te doy gracias porque siempre estás pendiente de mí. El hacer tu voluntad me ha agradado. Dios ayúdame a guardarme para ti, que siempre camine de acuerdo a tus planes para mi vida. Quita de mí todo lo que no te agrada. Hoy me propongo avanzar y conquistar. En el nombre de Jesús de Nazaret. Amén".*

Capítulo 8
CONOCER AL SEÑOR

LA ENTRADA TRIUNFAL de Jesús a Jerusalén fue espectacular. Jesús iba a entrar montado en un pollino cumpliendo así lo que se había profetizado.

> "Alégrate mucho, hija de Sion; da voces de júbilo, hija de Jerusalén; he aquí tu rey vendrá a ti, justo y salvador, humilde, y cabalgando sobre un asno, sobre un pollino hijo de asna".
>
> —ZACARÍAS 9:9

En esta ocasión el Señor estaba dándoles órdenes a sus discípulos en referencia a una propiedad ajena, el pollino. Ellos debían ir a la ciudad y tomar un asno que estaba atado en el camino y llevárselo.

Hay peticiones que el Señor te hará que posiblemente te cueste llevarlas a cabo. Las hace para pulirte y enseñarte obediencia. No es fácil hacer que la gente trabaje en equipo. Tratar con personas es una ciencia y contar con ellas para lograr algunos objetivos, es todo un arte.

Trabajé secularmente con militares que me decían: "Si quieres un trabajo hecho, tienes que decírselo a cinco personas para que entonces uno de ellos desarrolle la tarea". No voy a discutir si eso es cierto o no. Pero el punto es que en el mundo siempre tendremos personas que serán tu cobertura o tu superior. Seguramente has escuchado este dicho: "Si quieres que algo te salga bien, hazlo tu mismo". Quizás estás allí con tu libro en mano diciendo: "Eso es totalmente cierto".

Piensa en Dios como un jefe o un padre que necesita trabajos hechos aquí en la tierra. Si te detienes a observar te impresionaría ver cómo hay personas que prefieren su propia agenda antes que la de Dios. Permíteme animarte a que lo veas como a un Padre amoroso con una lista de tareas esperando a que sus hijos no se lancen las responsabilidades entre uno y otro, sino que levanten la mano y digan: "Yo lo hago papá, con todo gusto te serviré".

El texto de Marcos 11:2 dice: "Y les dijo: Id a la aldea que está enfrente de vosotros, y luego que entréis en ella, hallaréis un pollino atado, en el cual ningún hombre ha montado; desatadlo y traedlo".

Todos somos un conjunto de diálogos internos, especialmente cuando estamos oyendo instrucciones de parte del Señor. La principal voz que debes oír en tu vida es la de Dios.

Ir a buscar un pollino atado en una casa, era como ir a buscar un Mercedes Benz en un estacionamiento. Y Jesús agrega diciendo: "Y si alguien os dijere: ¿Por qué hacéis eso? decid que el Señor lo necesita, y que luego lo devolverá" (v. 3).

Gracias a Dios que no nos ha pedido esto a nosotros. Pero ¿y si te pide que te construyas una nave espacial suficientemente grande para meter especies dentro de ella, como le dijo a Noé? ¿Qué harías? ¿Obedecerías?

¡Que Dios tenga misericordia de nosotros! Me sonrío mientras escribo porque me imagino cómo sería, ¡y nosotros que le pedimos a Dios que nos use grandemente! ¿Qué será grande para él?

Has oído el versículo que dice: "Es necesario obedecer a Dios antes que a los hombres" (Hechos 5:2). Es el principio básico para avanzar en nuestra vida. Oír la voz de Dios es importante, aún más importante que la voz de tu jefe, de tu superior, de alguna otra persona.

Conseguirle el asno a Jesús significaba tener el corazón manso. A muchos no les gusta recibir órdenes y menos cuando puedes quedar mal. Algunas personas cuando son enviadas a hacer algo, lo primero que dicen es: "¿Yo? Por favor, envíen a otro".

Los discípulos entendían que eran parte de algo mayor que ellos mismos. Habían sido incluidos en un plan maravilloso. No importa lo que el Señor te mande a hacer, sirve a Jesús y luego piensa en ti.

¿Estarías dispuesto a hacer el ridículo por él? ¿Estarías dispuesto a perder tu reputación por él? Señor, estamos dispuestos a todo contigo.

Mantén tu corazón humilde para Dios, porque te necesita. Jesús le dijo a sus discípulos que cuando alguien preguntara porqué razón tomaban al pollino dijeran: "El Señor lo necesita".

Tratar con gente es muchas veces extenuante, porque cada cabeza es un mundo. Si logras que Dios te dé gracia para tratar con otros, habrás ganado mucho.

Si el Señor necesita algo, con todo gusto se lo doy. Todas las cosas son suyas. Él es la fuerza que lo mueve todo, en el mundo y fuera de él. Todo fue creado por el Señor.

¿Le has dicho a alguien una frase cortés, como: "Para ti, lo que sea" o has enfatizado al decirle: "Cuenta conmigo en todo momento"? Es más fácil decir y sentir todas estas frases lindas cuando esa persona te ha hecho algún bien o te ha bendecido. Porque el agradecimiento es un motor que nos impulsa a rendirnos a la otra persona y convertirnos en incondicionales.

Cuando era una adolescente tuve un conflicto espiritual. Había crecido en la iglesia, aceptado a Cristo como mi Salvador personal, pero un día le dije: "Señor no siento lo que significa agradecerte por el perdón de mis pecados". ¿Qué significaba ser perdonado? Me preguntaba a mí misma, nunca he sido drogadicta, ladrona, fornicaria, adúltera ni homicida. No tengo grandes pecados. Así que ¿que podía agradecer?

Oré de todo corazón y pronto el Espíritu Santo me hizo sentir el don de la gracia y del perdón. Me vi tal y como era, un ser humano que necesita un salvador personal, no era merecedora de pararme al lado del Señor, no era merecedora de su amor. Pero sólo por el sacrificio de Cristo podía lograrlo. Allí lo entendí.

¿Qué me sucedió después de esto? Transformó mi vida, desde entonces no he parado de agradecerle por lo que ha hecho en mí. Cada día agradezco por su fidelidad y lo bueno que ha sido conmigo. A cada momento estoy pensando en lo que hubiera sido mi vida sin él. Cada vez que lo pienso, lloro de gratitud.

Trabajo para él y constantemente le digo: "Gracias, gracias, gracias, gracias". Asegúrate tú también de tener la suficiente grandeza en tu corazón para convertirte en una persona que siempre dé las gracias al *Fabricante de milagros* por lo que ha hecho en tu vida. Hagamos un alto en este momento y digámosle: "Gracias, gracias, gracias bello Jesús de Nazaret por la salvación de mi alma".

Hay una persona llamada Pablo que me atiende y me sirve durante cada servicio de la iglesia, siempre le doy mi más sincero agradecimiento por su labor. Pero cada vez que le digo:

—Gracias por abrirme la puerta, por ayudarme, por cargarme la cartera.

Él responde:

—No tiene que darme las gracias, es un honor servirle.

—No puedo evitarlo Pablo, esto es parte de mi vida, —agrego.

Entonces vuelve a repetirme:

—No me dé las gracias Pastora.

Para no ofenderlo trato de evitarlo, pero siempre termino diciéndole gracias. Varias veces hemos tenido esta conversación, pero no puedo evitarlo. Mis padres me enseñaron a dar las gracias. Recuerdo la historia de los diez leprosos que fueron sanados por Jesús, pero solo uno fue a agradecer:

> "Entonces uno de ellos, viendo que había sido sanado, volvió, glorificando a Dios a gran voz, y se postró rostro en tierra a sus pies, dándole gracias; y éste era samaritano. Respondiendo Jesús, dijo: ¿No son diez los que fueron limpiados? Y los nueve, ¿dónde están?".
>
> —Lucas 17:15-17

La mayoría de las veces cuando una persona recibe algo de forma aislada es fácil dar las gracias, pero cuando todos los días recibe algo, es más difícil ser agradecido. Pienso en una mujer que cocina, lava, atiende a los hijos, ¿cuántas veces al levantarse de la mesa le dan las gracias los hijos? Que Dios nos ayude a ser personas sensibles para elevar a otros, especialmente si de alguna manera nos han bendecido.

Los nueve leprosos restantes no fueron agradecidos con el *Fabricante de milagros*. Sus cuerpos fueron sanados, piel nueva salió sobre sus huesos expuestos, el mal olor había desaparecido, estaban sanos gracias a Jesús. Pero al instante desaparecieron. Corrieron a sus ciudades, a sus pueblos, a su familia. ¿Y a Jesús, el fabricante de ese milagro, el productor de tanta alegría, qué le dijeron?

Que Dios nos ayude a apreciar y valorar, especialmente el sacrificio que hizo Jesús de Nazaret por cada uno de nosotros. Que nunca nos falte el ser agradecidos con Dios pues él se fija si damos las gracias o no. Dios ha sido tan bueno con nosotros, por sus llagas fuimos curados.

El corazón del hombre siempre es tentado para ser egoísta, como lo fueron estos nueve leprosos, quizás lo único que pensaron fue correr hacia donde estaba el sacerdote, presentarse ante él y avisarle a sus familias, pero se olvidaron de quién les dio la sanidad.

El agradecimiento es señal de lo que hay en el interior del

alma. Nuestra alma tiene que ser educada. ¡Que Dios nos ayude a ser agradecidos!

Cuando somos agradecidos, entonces podemos decirle: "Señor, ¿qué necesitas que haga? Con todo gusto haré lo que necesites". Y añadiríamos: "Ni siquiera tienes que devolverme lo que me pides. No es nada. Lo hago por amor a ti, Señor".

En estos días puse atención a unas palabras muy hermosas que aparecen como dedicatoria en la Biblia versión Reina Valera 1960 antes de comenzar el Salmo 56. Dice en letras pequeñitas: "Al músico principal; sobre la paloma silenciosa en paraje muy distante". En hebreo la expresión es: "Jonat Helem-Rechokim", refiriéndose a David como una paloma mansa que por la persecución de Saúl tuvo que dejar su casa, familia y seres queridos. David siempre supo que Dios lo ayudaría y nunca lo abandonaría.

Si estás pasando momentos difíciles puedes estar seguro de que Dios quiere sacarte de ese problema, de la tristeza, de la esclavitud, de la enfermedad y de la pobreza, quiere llevarte a la tierra en la que fluye leche y miel. Si crees en Él, te sacará de tu Egipto espiritual, porque su deseo es que seas prosperado en todo, así como prospera tu alma.

El enemigo siempre querrá afligirte y oprimirte. Quizás oras, diezmas, ofrendas y asistes a una iglesia, pero te sientes en un desierto. Te digo con seguridad: "Nunca he visto un justo sin respuesta". En nuestro caminar pasamos por desiertos momentáneos, pero confiemos en Dios. No te pongas nervioso ni bajes tus estándares. Espera en Jehová, confía en él y él hará. Si clamas a Dios, te enseñará cosas grandes, sólo ten paciencia y verás maravillas.

El secreto de la fe es entender cómo nos ve Dios y conocer qué planes tiene nuestro Padre para nuestra vida. Quiero que estés seguro de que él jamás querrá que un hijo suyo sea un jornalero apartado de los beneficios que da la casa de su Padre celestial.

Te aseguro que mejorarás tu calidad de vida, encontrarás tu

milagro, vivirás con alegría y tendrás paz, en la medida que conozcas las palabras que Dios tiene para ti. Lee y memoriza sus promesas para que entonces puedas reclamarlas.

Quiero animarte a estudiar la Biblia. Tu vida no será la misma después de aplicar sus principios a tu diario vivir. Dios te ha entregado el mapa que te llevará a disfrutar de sus bendiciones aquí en la tierra y allá en el cielo. Él no quiere que pierdas los beneficios de la fe, son tuyos.

Formo parte de uno de esos programas hoteleros donde está todo incluido. Esos beneficios son míos como resultado de ser socia. La cadena hotelera está siempre pendiente de avisarme cuando hay promociones, y cuando puedo ir, lo disfruto mucho.

Hace varios años fui invitada a predicar a una convención de pastores de la Iglesia Cuadrangular en Dallas, Texas. Fue la primera vez que iba como invitada a un distinguido evento. No estaba muy familiarizada con lo que ocurriría, no sabía si yo tenía que pagar mis propios gastos o no.

Unos integrantes de la comisión amablemente me recogieron en el aeropuerto y me llevaron al hermoso hotel de cinco estrellas. Me atendieron muy bien, pero ocurrió un pequeño detalle, en varias oportunidades comí con otros pastores amigos que me invitaban. Otros días sólo tomé sopa, ya que no había llevado mucho dinero conmigo y no podía gastar.

Al terminar la convención uno de los organizadores me preguntó si había disfrutado las comidas. Supe entonces que mis comidas estaban incluidas en la invitación y que habían sido pagadas. ¡Cómo lo lamenté!

Desde entonces no he parado de pensar lo que dice la Biblia: "Mi pueblo fue destruido, porque le faltó conocimiento" (Oseas 4:6). La ignorancia es peligrosa. Debemos alejarnos de ella.

Me había perdido la bendición de comer los deliciosos manjares que habían sido servidos, junto a los extravagantes dulces que estaban en las mesas. Todo a causa de mi desconocimiento de los privilegios que tenía.

No quiero que te ocurra lo mismo que a mí. No pierdas lo que Dios tiene para ti por desconocer sus promesas. El bien y la misericordia de Dios están destinadas para tu vida, están allí para seguirte todos los días.

Puedes decir conmigo: "Soy socio del cielo. Tengo privilegios y beneficios maravillosos. El *Fabricante de milagros* pagó el precio por mí, ahora soy parte de una vida llena de milagros, de provisión, de sanidad, de restauración. ¡Gloria a Dios!".

Cuando era niña, en la iglesia siempre escuchaba a los predicadores decir: "Hay más de 34 000 promesas en la Biblia". ¿Cuántas de esas promesas conocemos? ¿Cuántas de esas promesas estamos disfrutando? Conviértete en un buscador de tesoros espirituales para que puedas conocer todo lo que Dios tiene para ti.

El Señor tiene grandes banquetes para ti. Las promesas son gratis, ya fueron pagadas por Jesús de Nazaret en la cruz del Calvario. Puedes tomar todo cuánto quieras.

Cierta vez un grupo de la iglesia me invitó a comer en un hotel de alta categoría para celebrar mi cumpleaños. Fuimos al restaurante y solicitamos una mesa para las quince personas. Todos decidimos elegir la comida que estaba servida en el buffet ubicada en el centro del salón. Comimos muy bien y pasamos un lindo tiempo. Pero cuando nos trajeron la cuenta al ver la cantidad de dinero que cada uno debía pagar, una persona del grupo dijo: "¿Qué? ¡Tan caro! Entonces voy a ir a comer más, aunque me caiga mal". Nos dio tanta risa que hasta el día de hoy nos sonreímos cada vez que recordamos el comentario.

A Jesús le costó mucho las promesas que hoy puedes disfrutar gratuitamente. Al conocer el sufrimiento de Jesús, tal vez pensarías: "Voy a disfrutármelas todas. Voy a apropiarme de ellas. Nadie me las podrá quitar. Son mis promesas. Mi amado Jesús me las regaló».

El apóstol Pablo dijo:

> «Por lo cual estoy seguro de que ni la muerte, ni la vida, ni ángeles, ni principados, ni potestades, ni lo presente, ni lo por venir, ni lo alto, ni lo profundo, ni ninguna otra cosa creada nos podrá separar del amor de Dios, que es en Cristo Jesús Señor nuestro».
>
> —ROMANOS 8:38-39

No pases por esta vida sin familiarizarte con los regalos de Dios.

No me gusta leer manuales de instrucciones y procedimientos para el funcionamiento de productos. Es algo que siempre se lo delego a otra persona. Le pido que lo lea por mí y después me lo explique. Eso puedo hacerlo con aparatos electrónicos, pero no con la Palabra de Dios. Busca tus propias promesas. Encuéntralas en la Biblia y aprópiate de ellas.

Quizás piensas que solo a otros les pasan cosas buenas y te preguntas cuándo llegará tu tiempo. Quiero animarte, tu tiempo de bendición ya llegó. Dice el libro de Cantar de los Cantares 2:12 así: «Se han mostrado las flores en la tierra, el tiempo de la canción ha venido, y en nuestro país se ha oído la voz de la tórtola».

Cuando tenía veinticinco años un amigo me enseñó a bucear con tanques. Pasábamos mucho tiempo juntos soñando que encontraríamos un barco de piratas que estuviera hundido en las costas panameñas. Me dediqué a visitar bibliotecas y pasaba horas y horas leyendo mapas y libros antiguos de la conquista de los españoles en Panamá.

Estaba segura de que iba a hacer un gran descubrimiento. Así que tomé la decisión de comprarme un detector de metales. Usaba todo mi tiempo libre en esto. Salíamos a lugares históricos buscando los tesoros de los piratas en las costas de Panamá.

Después de un tiempo tuve un sueño donde veía a Jesús. Establecimos una conversación y yo le pedí que me permitiera encontrarme un tesoro para así poner un orfanatorio y ayudar a niños desvalidos. El Señor me miró y me preguntó: "¿Para qué quieres un tesoro si ya lo encontraste?". No sé qué me pasó en el sueño, pero tuve el coraje de preguntarle: "¿Dónde está mi tesoro?". En ese momento el Señor tomó una Biblia, me la mostró y me dijo: "Aquí está tu tesoro".

El sueño me dejó impresionada. Sabía que era una revelación de Dios. Al día siguiente regalé el detector de metales, me deshice de todos los mapas antiguos y comencé a estudiar la Biblia como nunca antes. Finalmente encontré mi tesoro. No es el tipo de tesoro que se acaba, sino el que cambia vidas.

Al cabo de los años Dios me permitió crear una Fundación a través de la cual asistimos a cientos de niños las 24 horas los 365 días del año.

Dios tiene todo lo que tú necesitas. Él es la respuesta para cada una de tus necesidades. Decídete a buscarlo y a leer la Biblia, ese es tu manual de vida. Que jamás se diga de ti o de mí, que nos hemos perdido un banquete por ignorancia. Que todos puedan decir que hemos encontrado un tesoro. ¡Usémoslo!

No pierdas tu tiempo esperando encontrar algo fuera de Dios. No te distraigas. Sólo en él puedes hallar exactamente lo que estás buscando. Las Escrituras dicen: "Separados de Dios, nada podemos hacer".

Quizás piensas que has desperdiciado tu vida en cosas improductivas, pero lo maravilloso de nuestra vida en Dios es que él puede hacer las cosas en un abrir y cerrar de ojos. Dios es el Señor de las oportunidades.

Hay un pasaje de la Biblia especial para aquellos que les toma tiempo hacer algo bien desde el principio. Tal vez tú seas una de esas personas que dicen que todo lo hacen mal.

En el libro de Marcos capítulo 8, verso 4, encontramos la única historia donde se registra que Jesús tuvo que poner su mano dos veces sobre una misma persona. Ese proceso de sanidad fue diferente a todos los demás desde el principio, pues Jesús tomó de la mano al ciego, lo sacó fuera de la aldea y se le acercó.

En la segunda escena, aún con la saliva corriéndole por la cara, le puso sus manos encima, le quitó la mano de los ojos y le preguntó si podía ver. El ciego abrió lentamente sus ojos y le dijo a Jesús: "Veo a los hombres como árboles, pero noto que se mueven".

En la tercera escena nuevamente le pone las manos encima de los ojos y una vez más le pide que los abra. Esta vez el hombre pudo ver. Su visión fue restablecida totalmente. Estoy segura de que Dios permitió que eso ocurriera para que nosotros no nos avergonzáramos cuando intentábamos algo una y otra vez, sin los resultados esperados.

Conoce al *Fabricante de milagros*. Él estará contigo siempre. Él tiene un plan donde todo está detalladamente planificado. Si no obtienes los resultados esperados desde el primer intento, quiero que estés seguro de que Dios está controlando tu tiempo, tu vida y tus días. Pídele que te revele la razón del aparente atraso.

Dedícate a conocer el corazón de Dios. Él desea enseñarte cómo invertir, qué inventar, cómo administrar. Mantén una relación personal con él. Así como Juan, el discípulo amado, recuesta tu cabeza sobre el pecho de Cristo, permite que el Señor hable a tu corazón.

En la parábola de los talentos, el siervo malo y negligente pensó que conocía a su señor y le dijo:

> "Señor te conocía que eres hombre duro, que siegas donde no sembraste y recoges donde no esparciste: por eso tuve miedo de ti y escondí tu talento en la tierra".
>
> —Mateo 25:24

Mucha gente tiene un vacío en su corazón porque no han podido desarrollar sus talentos. Son músicos maravillosos, pero por razones de dinero están trabajando como plomeros. Tienen voces como ángeles, pero están vendiendo empanadas. Aman pintar hermosos paisajes y dibujan como Miguel Ángel, pero jamás han vendido un solo cuadro. ¿Qué les ha pasado? Han dejado sus talentos de lado.

Conoce a tu Señor que te impulsará a desarrollarte sobre tus promesas:

> «Porque al que tiene, le será dado, y tendrá más; y al que no tiene, aun lo que tiene le será quitado».
>
> —MATEO 25:29

Ora junto a mí:

> *«Amado Dios, soy tu hijo y declaro que viviré bajo tu abrigo y bendición. Contigo nada me faltará. Renuncio a esta vida de pobreza y de miseria. Renuncio a las deudas. Renuncio a toda enfermedad que me agobia. Ayúdame a verme como tú me ves. Ayúdame a vivir una vida disciplinada, a leer tu Palabra y a recibir mi tesoro. En el nombre de Jesucristo declaro que mi vida se llenará de ti. ¡Amén!».*

Capítulo 9
ÉL CONTESTA ORACIONES Y PRODUCE MILAGROS

DURANTE APROXIMADAMENTE CUARENTA años mi mamá fue pastora de una Iglesia del Evangelio Cuadrangular en Panamá. Puedo describirla como una mujer sencilla, buena esposa, buena madre, buena amiga y con una fe extraordinaria. Fue ella quien me enseñó a tener fe en Dios. Pastoreó una pequeña iglesia en las montañas de Panamá y bajo su ministerio recuerdo haber visto piernas torcidas enderezarse, endemoniados ser libres y gente entregando su vida a Jesús. En el aspecto financiero vi cómo Dios le proveyó todo lo que anhelaba. Fueron ella y mi padre quienes me llevaron a viajar como si hubiéramos sido millonarios. Varias veces dimos la vuelta al mundo. Siempre recuerdo una de sus expresiones favoritas: "Algo grande viene en camino". Ella estaba en lo cierto. Esos eran los planes de Dios para nosotros. Estoy segura de que las bendiciones que recibirás serán mayores que las que ya has recibido (Ezequiel 36:11).

Mi madre me enseñó los secretos de la fe, porque es una dimensión donde hay que aprender a moverse. Su influencia marcó mi vida. Ella lo aprendió de mi abuela, otra guerrera de la fe. En mi casa no se aceptaba un "no" fácilmente, se peleaba por los milagros. En mi casa no se faltaba a la iglesia porque lloviera, se asistía a los cultos aunque tronara o relampagueara. En mi casa no se hablaba mal de Dios ni se le reclamaba nada con soberbia. Orábamos, clamábamos, y Dios siempre contestaba.

Estoy consciente de que las bendiciones que he recibido en mi vida ocurrieron porque alguien oró por mí y el cielo se inclinó a mi favor por medio de su fe.

Dios quiere usarte para dejar huellas en la vida de aquellos que te rodean también. Quizás no tengas oro ni plata para dejarle a tu familia una gran herencia, pero si les dejas como regalo la fe, les habrás dejado la llave que abre todas las puertas. Dios quiere que establezcas un patrón de vida para tu casa, un estilo que va por encima de las normas naturales en las que vive todo el mundo. Dios quiere que por medio de ti ellos sean salvos y bendecidos.

Rahab tenía una profesión que no era de buen nombre, pero ella cambió el futuro de su familia por medio de la fe. Cuando oyó la fama del Dios de Israel y escuchó acerca de los milagros que el Señor había hecho, su fe comenzó a actuar al oír los hechos de Dios. A pesar de nunca haber sido expuesta a la creencia de los hebreos, el texto de Josué 2:11 registra su declaración: "...porque Jehová vuestro Dios es Dios arriba en los cielos y abajo en la tierra".

Para recibir los beneficios de Dios se requieren valentía, obediencia y fe. Esta mujer tuvo que proteger su fe aun en contra del rey de Jericó. Todos en la vida tenemos que decidir si le creemos al rey de Jericó o al Dios todopoderoso.

Los espías de Israel le dijeron a Rahab que atara un cordón rojo a la ventana y que reuniera a su padre, a su madre, a sus hermanos y a toda la familia de su padre en su casa. La fe verdadera nos lleva a la obediencia. El cordón rojo que hoy atamos a nuestra ventana es nuestra fe en Jesús de Nazaret. Esa es tu salvación y la mía.

Lo que tú creas dentro de tu corazón será lo que te dé la victoria. Seguramente hoy has experimentado muchos más testimonios de los que pudo haber oído Rahab en su tiempo. Al igual que ella, toma la decisión de proteger tu fe, tu salvación. Transforma el futuro de tus hijos, de tus padres, de tus hermanos, de tus amigos por medio de tu fe. Dios te ayudará a hacerlo. No le hagas caso a los que quieren matar tu fe. Esfuérzate en creer y sigue adelante.

Escuché a mi amiga norteamericana repetir un dicho que reza: "Aves del mismo plumaje viajan juntas". Tú no eres cuervo, eres un águila que vuela en alturas que otros no alcanzan. Muchas veces tendrás que volar solo y descender de vez en cuando para cuidar a los que están en el nido.

Conozco a una persona que está casada con un buen hombre, pero tiene un grave problema, es muy negativo. A veces cree en Dios, pero tan pronto enfrenta un problema, su fe decae. Prácticamente su esposa tiene que cargarlo espiritualmente, pareciera que por más que vea las maravillas de Dios, no crece. Mi consejo para esa esposa fue que lo continuara ayudando, que por su fe, los ojos de su esposo serían abiertos.

Únete a gente de fe y aliméntate. Lo que recibas en tu espíritu será el combustible para llegar más allá de lo que esperas. Mi madre decía: "Toma las cosas según de quién venga". Eso significa que debemos interpretar las palabras de las personas y sabiamente deshacernos de las que vienen cargadas de incredulidad o pesimismo. Protege lo que entra a tu corazón y a tu mente.

Dios te escogió desde antes que nacieras para que vieras sus maravillas aún desde la tierra de los vivientes. No permitas que las palabras de otros te desalienten. No dejes que los problemas que te envía el enemigo congelen tu fe. Nunca olvides: "Dios contesta oraciones y produce milagros".

El primer milagro que Jesús realizó en las bodas de Caná fue de ayuda. María, su madre, vio la escasez y supo que solo Jesús podía ayudar a esa familia para que no quedara en vergüenza. La recomendación que le dio a los sirvientes fue: "Hagan todo lo que él les diga". Y como la fe no se entiende, esto requirió que los sirvientes fueran al pozo en obediencia y sin razonar, una y otra vez y echaran agua en las tinajas vacías. ¿Te imaginas lo que habrán pensado mientras cargaban el agua? ¿O lo que habrá pasado por su mente cuando Jesús les dijo que lo sirvieran? Para ese momento Jesús todavía no tenía fama.

¿Has cargado agua cuando en realidad necesitabas servir vino? Muchas veces me ha tocado hacerlo, pero me he dicho: "No es agua, es vino, es vino, es vino", eso no me ha servido de mucho. Pero descansar en el Señor, olvidarme del agua y simplemente hacer mi parte, ha transformado el agua en vino.

¿Cómo podría el agua convertirse en vino? Bueno, para Jesús todo es posible. Supongo que a partir de ese momento, todos esos sirvientes pasaron a ser seguidores de Jesús.

Obedecer a Dios es imprescindible si uno quiere experimentar su gloria. Entonces la obediencia es fe en acción. Muchas veces lo que Dios nos pide no tiene sentido o quizás no lo entendamos en el momento. Pero, créeme, la obediencia es necesaria para que se abran las puertas del cielo. Si queremos tener oraciones contestadas y ver milagros, debemos mantener activa nuestra relación con Dios.

Jesús de Nazaret enseñó mucho acerca de la fe. "Para Dios todo es posible" (Mateo 19:26). También dijo: "Si puedes creer, al que cree todo le es posible" (Marcos 9:23). Te garantizo que si crees con todo tu corazón y tu mente, todo será posible. Así que clama a Dios, vuelve a orar cuántas veces sea necesario y prepárate, verás tu milagro. Llena tu mente de las promesas de Dios. Porque "Él es galardonador de los que le buscan" (Hebreos 11:6). Dios está a punto de llevarte a una tierra donde fluye leche y miel.

Cada vez que ores, hazlo con pasión y fervor. Eres responsable de hacer crecer tu fe todos los días y nunca desmejorarla. La fe te ayuda a atraer las promesas de Dios al mundo natural. Es como un imán que atrae a todo lo de su especie, todo lo que es compatible con su material.

La incredulidad es un espíritu que mata todo lo que nace

de Dios. Y definitivamente es la mayor causante de la muerte de muchos sueños. Sin embargo, la fe es llamar a las cosas que no existen como si estuvieran entre nosotros. Es ver con ojos espirituales, no con los físicos.

Cuida tu fe como un regalo maravilloso de Dios. Si por primera vez se te ha cerrado una puerta, o si todavía no has visto que se abra, no importa, sigue orando, muy pronto se abrirá. ¿Qué hacer cuando vas al doctor y te dice que tienes una enfermedad incurable? ¿Qué hacer cuando una amiga te dice que tiene terribles problemas matrimoniales? ¿Qué hacer cuando te ves lleno de deudas y alguien te dice que vas a perder la casa? Respira, responde con fe y vendrá liberación de parte de Dios. Por nada en el mundo les prestes tus oídos a los pesimistas. Identifícalos como ladrones de fe.

Creo mucho en la amabilidad y en la gentileza, pero Jesús al entrar en la casa de Jairo encontró un grupo de mujeres y hombres llorando a la hija de este jefe de la sinagoga (Marcos 5:35-42). Literalmente, dijo: "Pero Jesús, luego que oyó lo que se decía, dijo al principal de la sinagoga: No temas, cree solamente" (v. 36). Jesús se concentró en elevar la fe de Jairo e inmediatamente echó del cuarto de la niña a todos los amigos y familiares incrédulos.

Siempre encontraremos gente que se llaman así mismo "los realistas", ¿has conocido personas así? Gente que te da malas noticias y te dicen: "No soy incrédulo, simplemente soy realista".

Nunca permitas que alguien estorbe tu fe en Dios, protege el nacimiento de tu milagro. Rodéate de gente de fe y si no puedes evitar estar con incrédulos, entonces no compartas con ellos tus sueños. Dios te mandará gente que se conviertan en tu cordón de tres dobleces. En todo momento decide creer, los incrédulos jamás podrán detener la obra de Dios si continúas creyéndole al Señor.

¿Esperas un milagro? Sé paciente y espera, Dios hará proezas. Él es capaz de hacer milagros de la nada y tiene algo grande para ti. "Tierra *(pon tu nombre)*, no temas, alégrate y regocíjate que Dios hará grandes cosas" (Joel 2:21).

Revisa tu condición espiritual. ¿Esperas un favor de parte de Dios? ¿Has dado pasos para mantener una relación personal con él? Ama a Dios por quién es él y no por lo que podemos recibir de él. Vive con una expectativa de lo que Dios hará en ti.

Recuerdas lo que solía decir mi madre: "Algo grande viene para ti". Algo grande te va a dar el Señor y yo lo he creído. Por eso, quiero transmitirte esa unción de fe ahora.

Nunca menosprecies los inicios pequeños. Dios le pone atención a los detalles y algo pequeño en sus manos siempre llegará a ser algo grande.

En la Biblia hay un pasaje en donde el profeta Elías estaba orando para que lloviera. Permaneció en oración hasta que su criado le dijo que veía una nubecita del tamaño de la palma de una mano. Cuando esta nubecita se formó, el profeta Elías supo que eso era lo que estaba esperando. La fe no necesita mucho, de un momento a otro ocurre lo esperado.

Cada vez que te determines a creer en Dios, él moverá el mundo espiritual a tu favor. Tu fe asegura tu milagro. Tus declaraciones atan o desatan. Tus oraciones lo atraen hacia ti.

Dios es capaz de hacer mucho con poco. Nos toca a nosotros dar pasos gigantes de fe si queremos recibir algo de parte de Dios.

A través de mis años en el camino he visto que Dios responde proporcionalmente a nuestra fe. Sin embargo, para tu beneficio y el mío, la matemática de Dios es totalmente diferente a la nuestra. Él siempre nos sorprenderá.

Nunca limites a Dios. Si tienes mentalidad conformista, pídele que te cambie, que te enseñe a soñar. Pídele que te lleve a una dimensión nueva, que te enseñe el estilo de vida en el que tú y tus hijos deben vivir. Piensa en grande. Piensa en la sobreabundancia.

Contra viento y marea, quiero que tengas o aprendas a tener fe, que puedas decir: "Dios está conmigo como poderoso gigante". Sube al monte de Dios y espera allí su respuesta, aunque sea pequeñita, prepárate, algo grande viene para ti. El incrédulo o conformista se pierde muchas bendiciones.

Recuerdo como si fuera ayer, el día que el primer hombre pisó la luna. Todos estábamos sentados alrededor del televisor mientras transmitían ese importante suceso. De repente, mi abuelo que vivía con nosotros, procesó la información en su mente e inmediatamente comenzó a decirnos que ese era un truco de Hollywood y del gobierno de Estados Unidos. Él creía que era imposible que el hombre pudiera viajar por el espacio y llegar a la luna. Según la teoría de mi abuelo, todos los astronautas eran artistas de cine que estaban en un salón, y las cámaras simulaban un aterrizaje lunar.

Mi abuelo creía en Dios, pero no creía en la ciencia ni en los avances que el mundo estaba experimentando. Se fue de este mundo sin creer en ellos. Imagínate lo que hubiera pensado acerca del celular o de la internet. ¿Cuántas personas más se estarán perdiendo las bendiciones de Dios por la incredulidad? Decide con todo tu corazón creerle a Dios. Aún cuando no veas respuestas, cree, no pierdas tus esperanzas.

Ora junto a mí:

> *"Padre celestial, sé que tienes grandes bendiciones para mí. Sobre todas las cosas te ruego me des el don de la fe para conquistar aquello que me tienes preparado. Abre mis ojos espirituales y dame inteligencia espiritual para alcanzar mis bendiciones. Ayúdame a estar atento a tus milagros. Declaro que el bien y la misericordia me seguirán todos los días de mi vida. En el nombre de Jesucristo. Amén".*

Capítulo 10
HAY UN MILAGRO DENTRO DE TI

UNA JOVEN PROFESIONAL de la iglesia iba todos los días hasta su trabajo en autobús. Durante una charla ella me comentó que perdía mucho tiempo en el tráfico y en las largas filas, que tenía que levantarse muy temprano cada mañana para llegar a su trabajo a tiempo. Entonces dijo: «Me cansé de andar en autobús y de no tener mi propio automóvil. Ayúdeme a orar».

A partir de ese día comenzó a orar en esa dirección. Comenzó a ver diferentes modelos de autos y a hacer sus cálculos financieros. Un día asistió a una feria de préstamos y cuál fue su sorpresa, un banco le ofreció financiarle un vehículo nuevo, y como añadidura, le ofrecían una promoción de combustible por todo un año. En menos de tres meses esa joven pasó de andar en autobús, a tener su propio automóvil.

Las puertas se abrieron de par en par cuando ella clamó al cielo. Y a partir de ese momento dejó la incomodidad de viajar en autobús para pasar a vivir en la comodidad de su propio vehículo.

Dios puede cambiar tus circunstancias. Dios es bueno y quiere concederte los anhelos de tu corazón. Proponte cambiar tu historia. Confía en Dios. Provoca que la mano de Dios se mueva a tu favor. Enójate con la pobreza. Moléstate con la enfermedad. Reclama tus derechos.

Cierta vez le dije a alguien: «Aprende a manejar porque Dios te va a regalar un automóvil». Esa persona me sonrió y me agradeció por la palabra que le había dado. Nos despedimos y no volvimos a hablar acerca del tema.

Cierto día llegó una persona a la oficina que estaba familiarizada con el trabajo espiritual y social que hacemos todos los días, e impulsada por un deseo de apoyar la obra de Dios nos dijo: "Quiero donar este automóvil para fulano de tal". ¿Sabes quién era "fulano de tal"? Exactamente la persona a quién le había dado la palabra. Brinqué de alegría. Estaba muy feliz por "fulano de tal". Pero sucedió que todavía no había aprendido a manejar. El automóvil pasó mucho tiempo estacionado en un garaje esperando qué esta persona aprendiera. Si creemos en Dios, necesitamos accionar. La acción es una muestra de fe.

Tras mis años de fe, entendí que cuando estamos esperando que Dios haga un milagro, lo oramos, lo lloramos y lo pedimos. Pero finalmente descubrí que el milagro está dentro de nosotros. Dios lo puso allí para que lo activáramos por medio de la fe. Dicen las Escrituras: "Para el que cree, todo le es posible".

Moisés, cercado por el Faraón y sus soldados pero seguro del poder de su Dios, llegó a un lugar donde no podía escapar con el pueblo de Israel. Montañas por todos lados y al frente el mar. No había por dónde huir, pero Moisés continuó teniendo fe en Dios.

Posiblemente te encuentres igualmente cercado por situaciones difíciles, pero la Escritura dice: "¿Habrá algo difícil para Dios?". Dios todo lo puede. Echemos a un lado la duda, la incredulidad y recordemos que él es quien gobierna todo. Las cosas subsisten sólo por él.

Si no tienes paz en tu hogar. Si estás inundado de deudas. Si estás enfermo. Si necesitas mejorar tu condición financiera. Si no tienes casa. Si te sientes vacío por dentro. Empieza a orar todos los días y pídele a Dios que te ayude, que te inspire y que cambie esa situación. Declara la Palabra. Usa versículos bíblicos. Levanta tu vara como Moisés y marcha hacia adelante.

¿Por qué crees que no vemos milagros más a menudo en nuestra vida? Nos hemos acostumbrado al estado de ciertas cosas y simplemente no tratamos de cambiarlas, las aceptamos, y punto. El hombre es un ser de costumbres, se acostumbra a un nivel económico, se acostumbra a la escasez, se acostumbra a la enfermedad, a las deudas, se acostumbra a ser menospreciado y a muchas cosas más.

Nos acostumbramos tanto a un estilo de vida que hasta nos oímos hablar así: "Mi problema, mi enfermedad, mi, mi, mi…". No te apropies de las cosas malas. Aduéñate solo de las buenas cosas que el Señor tiene preparadas para ti.

En el libro de Jueces se registra la historia de Israel y Gedeón. El pueblo estaba oprimido por los madianitas. Sus enemigos robaban el esfuerzo del trabajo de meses. Ellos destruían todo a su paso y no les dejaban nada para comer. Hasta que un día clamaron a Dios y él les envió un varón para libertarlos.

El ángel de Jehová se le apareció a Gedeón, pero aún viendo las manifestaciones de Dios, este hombre no quitó los ojos de sus propias imposibilidades, se excusó ante el ángel de Jehová y sólo hablaba de lo que no podía hacer.

Bendito sea Dios por la paciencia que nos tiene. En la escuela de Dios debemos aprender a ser esforzados y valientes. Él no te soltará aunque no creas en ti mismo. Él hará contigo y conmigo lo que se ha propuesto hacer.

El texto de Joel 3:10 dice: "Forjad espadas de vuestros azadones, lanzas de vuestras hoces; diga el débil: Fuerte soy". Confía en el Señor, él aumentará tus fuerzas.

Si estás esperando un milagro, actúa como si ya lo tuvieras. Eso se llama creer que lo vas a recibir. Dios puede sorprenderte y enviarte lo anhelado en un abrir y cerrar de ojos.

Hace algunos años ocurrió algo espectacular que me abrió la mente a muchos derechos que como cristiana poseía, pero simplemente por alguna razón no estaba usando.

Parte de nuestro ministerio es trabajar entre niños y niñas

que han tenido algún tipo de problemas en su casa, ya sea que no tienen padres o que trataron de hacerles daño. Así que, tenemos un grupo de bellas personas que los cuidan las 24 horas al día. Los alimentan, los visten, etc.

Un día los niños fueron invitados a comer a un restaurante. Uno de ellos nunca había comido una hamburguesa y ese era su sueño. Ese mismo niño dijo: "Otro de mis sueños es algún día poder comprarle a mi mamá una orden de arroz combinación". Cuando me lo contaron me di cuenta que en el mundo de ese niño una sencilla hamburguesa y una simple orden de arroz combinación se encontraban fuera de su rango de posibilidades, entonces la provisión de esos sueños era como un milagro para él.

Estoy casi segura de que lo que a él le falta, a ti te sobra. Así mismo es nuestra situación en el caso de Dios. Lo que a nosotros nos falta, a Él le sobra. Él quiere cumplir tus sueños. Lo que tú y yo necesitamos ni siquiera llega a ser pepinillo de hamburguesa para Dios. Él es el dueño de todo, aún de la plata y el oro. Así que "Deléitate en el Señor y él le concederá las peticiones de tu corazón". Tenemos que quitar los ojos de **nuestros** problemas, de **nuestra** escasez, y empezar a ponerlos más en el Dios todopoderoso.

Desde entonces mi vida cambió. Comencé a orar más y a incluir a Dios en todos mis asuntos. Acepté algunas cosas que me ocurrían, pero también comencé a pelear espiritualmente por otras que simplemente no me gustaban y debían ser cambiadas por la fe.

Conviértete en un productor de fe, de milagros. Tienes al *Fabricante de milagros* de tu parte. Lee la Biblia y permite que el Espíritu Santo te influencie por medio de la lectura de historias hebreas como la vida de Daniel, de José y de David. ¿Quieres ver milagros? Imprégnate de fe.

Dios es bueno, esa es su naturaleza. Nuestros milagros son el día a día de Dios. Cada uno de nosotros vive de acuerdo a su condición. Hay milagros generales como la sanidad, la conversión, entre otros. Pero hay otros que para ti son un milagro, pero para otros es algo sencillo.

Dios no te ha puesto límite. Puedes poseer todo cuanto anhelas de su presencia. Puedes echar mano y alcanzar absolutamente todas las promesas de Dios y apropiarte de ellas sin excepción. Sube de nivel. Toma lo que Dios te ha entregado. Levanta tu vara y da órdenes en tu mundo espiritual.

Posiblemente eres de las personas que ora todos los días pidiéndole al Señor que te bendiga grandemente, pero si somos sinceros, pregúntate: "¿Cuántas veces le decimos puntualmente: "Por favor paga mis deudas. Por favor sácame de este aprieto. Por favor trae salvación para mi familia. Dios, sorpréndeme"?".

Un leproso se acercó a Jesús, se postró a sus pies y le dijo: "Señor, si quieres, puedes limpiarme". La respuesta inmediata de Jesús de Nazaret fue: "Quiero; sé limpio". Y al instante la lepra desapareció (Mateo 8:2-3).

¿Querrá Dios bendecirte? ¿Querrá Dios sanarte? ¿Querrá Dios que te sientes entre príncipes? ¿Querrá Dios que nada te falte?

Ora junto a mí:

> "Querido Padre, sé que tú me amas y que tienes grandes bendiciones para mí. Te pido que me des sabiduría e inteligencia. Que tu Espíritu Santo me ayude a pedir como me conviene. Dame una fe que mueva montañas. Ayúdame a superarme, a ver tu mano poderosa en mi vida y en la de mi familia. Te pongo mi vida entera en tus manos para que hagas lo que quieras conmigo. En el nombre de Jesucristo. Amén".

Capítulo 11
MOVER LA MANO DE DIOS

H ACE ALGUNOS AÑOS, Zaida Herrera, una pastora amiga, estaba orando para que el gobierno nombrara a su hija como profesora en una de las escuelas del país. Habían llenado solicitudes, hablado con los encargados del departamento de nombramiento, pero todo había sido en vano.

Cierto día Zaida decidió ir hasta la oficina del mismo ministro de educación para tratar de hacer algo por su hija. Habló con varias personas para que le ayudaran, sin embargo, al solicitar la cita con las secretarias, se la negaron. Esta mujer había orado, ayunado, había tocado muchas puertas, pero no aceptó una respuesta negativa. No se desanimó ni se ofendió por el trato de las personas, no salió de esa oficina dando gritos ni amargada, sino que retomó la oración con fe y le pidió a Dios que le diera una estrategia para lograr llegar hasta el ministro.

Enseguida sintió en su corazón pararse en la parte de afuera de la puerta de la oficina del Ministro de Educación y quedarse allí hasta que saliera. La sorpresa fue que poco tiempo después el ministro salió. Amablemente la saludó y le preguntó en qué podía ayudarla. Hablaron y a los pocos minutos tenía en sus manos una nota con el nombramiento de su hija.

¿Cómo ocurrió ese milagro? Simplemente porque ella estaba decidida a que su hija no fuera una más de las cifras de desempleo en el país. Estaba resuelta a no moverse de la puerta hasta conseguir lo que había orado.

A veces Dios permite incomodarnos con ciertas situaciones para que reaccionemos y lo busquemos. Literalmente es como si nos soltara la soga para ver hasta dónde llegamos, pero gloria a Dios que nunca nos suelta. No importa cuántas puertas se te hayan cerrado, lo importante es que sigas orando porque verás muchas puertas abiertas para ti.

La mujer sirofenicia llegó donde estaba Jesús por necesidad. Su hija estaba atormentada por un demonio. Al ver a Jesús, ella se tiró a sus pies en señal de humildad. Jesús la vio, pero no respondió palabra y dijo:

> «No está bien tomar el pan de los hijos, y echarlo a los perrillos».
>
> —MATEO 15:26

En otras palabras: «Señora disculpe, pero los milagros están destinados para los de la casa, no para usted». Si alguien nos hubiera dado esa respuesta, ¿cómo hubiéramos reaccionado?

Ella hubiera podido reaccionar negativamente. Sin embargo, en vez de ofenderse y marcharse enojada por las palabras de Jesús, tomó fuerzas y le habló humildemente: «Sí, Señor; pero aun los perrillos comen de las migajas que caen de la mesa de sus amos» (v.27). En otras palabras ella dijo: «Jesús no me importa que me hables así, lo que quiero es que liberes a mi hija». Al ver la humildad y la fe de esta mujer, Jesús la elogia y le concede el milagro que había pedido.

Hace años quise ir de paseo a Alaska. Ya habíamos comprado los pasajes del crucero, pero no nos habíamos dado cuenta que uno de los puertos donde el barco se detendría era Columbia Británica y nadie nos había informado que necesitábamos una visa para Canadá.

Lamentablemente no contábamos con mucho tiempo para conseguirla y cuando le pregunté a la naviera si podíamos correr la fecha del crucero para más adelante, la respuesta fue negativa. Si no conseguíamos la visa de Canadá perderíamos todo ya que los pasajes no eran reembolsables.

Cuando llegó el día del viaje cambiamos la fecha de la salida del avión y la pusimos para tres días después. De esa forma teníamos oportunidad para que llegara la visa. Ese último día subimos en fe todas las maletas al automóvil. Fuimos al consulado listos para recibir la visa, sin embargo, nos dijeron que lamentablemente no habían llegado las órdenes para otorgárnosla. Pero ese día, en el último minuto nos llamaron para decirnos que las visas habían sido aprobadas. Nuestro error fue no estar informados acerca de la visa de Canadá y haber comprado los boletos.

Muchas veces queremos forzar los milagros de Dios tan solo porque no hicimos nuestra tarea. Dios me ha dado grandes lecciones a través de ciertas experiencias y he aprendido que aún en nuestra vida espiritual necesitamos trabajar bien y poner todas las cosas en orden.

Cuando tenía diez años de edad, la compañía donde trabajaba mi padre lo envió a Inglaterra junto con la familia. Durante un corto tiempo vivimos allá. En los tiempos libres visitamos muchos lugares, pero quedé altamente impresionada por el palacio de los reyes de Inglaterra. Era tan grande, con columnas gruesas de mármol fino, cuadros de gran valor colgaban de las paredes, todo estaba perfectamente armonizado con el entorno. Cuando recuerdo ese hermoso y apoteósico lugar me emociono. Me imagino el palacio del gran Rey, nuestro Padre celestial, mucho más grande que el de todos los reyes terrenales. Sus hermosas calles de oro, las puertas de perlas preciosas, multitudes de ángeles esperando complacerlo en lo que quiera, colores que jamás ojo humano ha visto. En otras palabras, allá donde vive nuestro Padre hay abundancia de todas las cosas buenas.

Cada vez que oras a Dios activas varias cosas: su mano

poderosa a favor suyo, las riquezas del cielo a tu favor, cientos
y miles de ángeles. Si te invitaran a la presidencia de la
República o al palacio del Rey, seguramente te vestirías con
gran elegancia y hasta posiblemente practicarías tu forma de
caminar y postura. Entonces prepárate porque Dios te ha invitado a su mesa principal, la mesa VIP. Es imposible no sen-
tirse bien con Él, porque donde está Dios no hay llanto, solo
gozo.

Dios te ha prometido:

> "He aquí yo hago cosa nueva; pronto saldrá a luz; ¿no la
> conoceréis? Otra vez abriré camino en el desierto, y ríos
> en la soledad".
>
> —ISAÍAS 43:19

Un solo versículo contiene promesas y esperanzas que el
Señor quiere transmitirnos. Dios es un Dios de detalles, un
Dios creador de hermosas maravillas. Un buen Padre que
quiere presentarse ante ti diciéndote: "Tengo regalos nuevos
para ti, regalos que nunca has visto ni imaginado. Si me crees,
voy a sorprenderte, y a entregártelos". Cuando somos conscientes de que estamos en las manos de Dios entonces vivimos
pendientes de lo que él hará con nuestra vida. Es allí en donde
comienzan a ocurrir milagros. Dios está anunciándote que
hará algo nuevo para ti.

Por años he visto miles de vidas transformadas, sanidades,
matrimonios restaurados, puertas nuevas abriéndose de par
en par, y vez tras vez he comprobado que no es con ejército ni
con espada (no es con fuerza humana) sino con su Santo Espíritu. Esto significa que puedes pasarle todas tus cargas a Dios
y no seguir llevándolas sobre tus hombros.

Para ver cosas nuevas tenemos que cambiar nuestra forma
de pensar. Tenemos que alejarnos de la incredulidad.

La Palabra dice:

"En el principio creó Dios los cielos y la tierra. Y la tierra estaba desordenada y vacía, y las tinieblas estaban sobre la faz del abismo, y el Espíritu de Dios se movía sobre la faz de las aguas".

—GÉNESIS 1:1-2

En hebreo la palabra *crear* es término *bara* que significa: "Dar forma, formar, escoger".

Tener fe en Dios es dejar a un lado todo miedo, toda preocupación, es no temer más y confiar en que Dios es capaz de crear algo nuevo para nosotros.

Cosa nueva es lo que le ocurrió a un hombre en Jerusalén que no podía caminar. En el libro de Hechos 3 se presenta la historia del paralítico en la puerta llamada La Hermosa.

Este hombre estaba pidiendo limosnas a la hora de la oración y no se sabe cuántos años llevaba en esa condición. De pronto se cruzó con dos de los discípulos de Jesús, Pedro y Juan. Estos le dicen que no tienen oro ni plata y en ese momento ocurre un despliegue del poder milagroso de Dios. El hombre inmediatamente recibió su sanidad y comenzó a hacer lo que antes no podía.

Jesucristo una vez dijo: "Mi Padre hasta ahora trabaja, y yo trabajo" (Juan 5:17). ¿Trabajar haciendo qué? Creando cosa nueva. Creando bendiciones para ti. Definitivamente Dios quiere hacer cosa nueva para ti. Ten la seguridad que se cumplirá sobre tu vida lo que dice Isaías 58:11: "Jehová te pastoreará siempre y en las sequías saciará tu alma, y dará vigor a tus huesos; y serás como huerto de riego, y como manantial de aguas, cuyas aguas nunca faltan".

Ora junto a mí:

"Padre, quiero acercarme cada día más a ti para conocerte mejor. Te necesito. Ayúdame a descubrir todas aquellas bendiciones que tienes para mi vida.

Abre mis ojos para que pueda ver tus maravillas. Declaro que tú harás cosa que ojo no ha visto, ni que mis oídos han oído, cosas que ni siquiera he pensado. Gracias Padre porque harás maravillas en mi vida. En el nombre de Jesucristo. Amén".

Capítulo 12
BUSCAR SOLUCIONES

¡No hay alimento para tanta gente! La historia acerca de la multiplicación de los panes y de peces nos confronta con varios tipos de personas. ¿Cómo reaccionamos cuando enfrentamos la adversidad?

Los discípulos acompañaban a Jesús dondequiera que iba. Ellos estaban atentos a todo lo que ocurría y habían visto muchas manifestaciones de parte del Señor.

Encontramos a los Felipes, que son aquellos que reciben las preguntas difíciles. Algunas cosas solo nos ocurren porque somos probados.

—Dime Felipe, ¿dónde podemos comprar pan para tanta gente?

—Perdón Jesús, ¿estás hablando conmigo? (Me parece oírlo pensando: "¿Por qué me pregunta a mí? Ese tipo de pregunta debe hacérsela a su tesorero Judas o al sabelotodo de Pedro.)

—¡Señor tus preguntas me asombran! Nadie por aquí produce tanto pan. Ni siquiera doscientos denarios de pan serían suficientes para alimentar a tanta gente, ni siquiera les tocaría un pedacito. Alimentar a tantos costaría una fortuna.

La Biblia dice que Jesús le hizo esa pregunta para probarlo, porque él sabía lo que iba a hacer. Siempre que nos prueba es para que crezcamos y seamos promovidos a otro nivel.

Los Felipes tienen sus pies puestos sobre la tierra, no

113

se sientan con el Señor en los lugares celestiales. No ven las oportunidades para la activación y el ejercicio de la fe. Los Felipes no preguntan, razonan, y cuando son lógicos, fracasan los exámenes espirituales.

Aún los Felipes deben recordar en todo momento, que para Jesús no hay nada imposible. La materia, la naturaleza, la vida, todos doblan sus rodillas y se rinden ante él.

Cada necesidad, cada escasez, cada enfermedad, cada problema es tan solo una oportunidad para que ocurran milagros. Puedo escuchar la incredulidad llamando nuestros nombres: "Hola cristiano, ¿Cómo pagarás tus cuentas?, ¿Cómo saldrás de este problema?, ¿Cómo alimentarás a tu familia?".

Pero tú puedes contestarle: "Ahora mismo no lo sé, pero estoy seguro de que una vez más habrá milagros en esta casa. Una vez más habrá sanidad, una vez más, habrá provisión". La promesa ha sido dada: "Nunca he visto a un justo desamparado, ni a su simiente que mendigue pan".

Por otro lado, fíjate en el otro discípulo llamado Andrés, nadie lo metió en el asunto, él se metió voluntariamente. Los Andreses tienen iniciativa espiritual. Son de aquellos que siempre están pendientes de lo que ocurre a su alrededor. Los Andreses pueden oler el nacimiento de un milagro, ellos tienen ojos para detectar a niños con almuerzos modestos. Pero por algún motivo, terminan con lógica diciendo: "Pero ¿qué es eso para tanta gente?". En otras palabras los Andreses dicen: "Señor, aquí estoy, disponible, con esperanzas. Tengo una idea, tengo un gran sueño, hasta tengo el plan, pero, de qué me sirve, si no tengo plata".

Seguramente has visto y oído a personas diciendo: "Creo, creo, creo", pero sus situaciones no cambian. ¿Creen en verdad aún si tienen a Jesús junto a ellos? Dios siempre usa lo poco nuestro para hacer maravillas. Ni siquiera lo necesita, pero siempre quiere que pongamos algo.

Me imagino a Jesús decir: «Amados discípulos, mejor no hablen más. Díganles a las personas que se sienten».

Los Felipes, los Andreses, los Tomases, los Judas, los Pedros, todos vieron a Jesús tomar el almuerzo del niño. Ninguno de ellos tenía idea de lo que Jesús podía hacer con poco. Lo vieron levantar los panes y los peces, pero ¿de qué ayudaría darle las gracias al Padre y levantar ese almuerzo hacia el cielo?

Ya estaban aprendiendo varias lecciones:

Uno: Cuando no tenemos ni la más remota idea de cómo multiplicar lo que hay, es mejor presentárselo a Dios y darle gracias por la provisión. Cuando comenzó la conversación con Felipe, no había nada. Pero ya Andrés había detectado algo, pequeño, pero algo más que antes.

Dos: Mejor es recurrir a Dios en todo momento, él sabe ayudarnos. Todo lo que toca lo multiplica.

Tres: Preparémonos para ser sorprendidos. Ese día Jesús multiplicó el almuerzo de tal manera que sobró aun para llevar a la casa.

Si le preguntaras a la gente cuál es su mayor problema, seguramente te dirían es que es el dinero. Esta necesidad es la misma para niños, para jóvenes y para adultos. Pareciera que el dinero es lo que mueve todo.

La Biblia dice que Dios le dio a los judíos el poder para hacer las riquezas. Por años me pregunté por qué hay gente que no tiene el poder. Luego entendí que es porque no han aprendido a usarlo.

Estamos absorbiendo lo que nos están dando. Las noticias nos dan información y somos influenciados por lo que oímos. La Palabra dice que «la fe viene por el oír». Entonces, inconscientemente estamos recibiendo la incredulidad, lo malo viene por el oír.

Identifica lo que no te gusta. Escribe lo que piensas, recibes algo grande cuando lo escribes e inicias el proceso de resurrección.

¿Qué significa cuando Dios dice: "No te preocupes por el dinero ni por lo que vas a comer"? ¿Qué significa cuando Dios te dice: "mira las aves del campo"? Si tienes tu confianza puesta en Dios, no te preocuparás.

La Biblia dice: "Escribe tu visión". Yo también te digo: "Escribe tus problemas. Enuméralos para que puedas presentárselos a Dios".

Lo que viene a tu vida es lo que tú mismo preparas para ti. Necesitas quitar tu negatividad. Si estas tratando de crear algo tienes que creerlo. A veces nos ponemos a pelear y discutir, de esta manera permites que tu incredulidad influya sobre todas las cosas que quieres.

En referencia a la fe, Jesús dijo: "La fe puede mover montañas", porque es un arma poderosa. Si tienes incredulidad es una pared que bloqueará lo que estas pidiendo.

La Biblia dice que hay que tener fe como un niño. Los niños tienen grandes sueños, creen con facilidad lo que oyen. Tienen una imaginación creativa, no necesitan mucho para revolucionar su entorno. ¿Recuerdas cuando usabas los tacones de tu mamá o te ponías una toalla atada al cuello y querías volar como Superman?

Tienes que mirar algunas cosas fríamente. Si al mirar tu necesidad te desesperas, entonces desatas negativismo. Ese fue el caso de Jesús con las hermanas de Lázaro: "Si no vienes enseguida, Lázaro no tendrá esperanza". Pero, Jesús es Jesús, cuando él llegue todo estará bien porque nunca llega tarde.

Jesús se quedó dos días más en el lugar donde estaba y Lázaro murió. Cuando Jesús llegó a la casa de Lázaro ya tenía cuatro días de muerto y hasta olía mal. ¿Sería posible hacer algo? Menos mal que no lo habían enterrado. Hay cosas que cuando se dañan, relaciones que cuando se rompen, es mejor no tocarlas. Déjalas allí hasta cuando Jesús aparezca. Y cuando esto ocurra, haz todo lo que él te diga. Síguelo al pie de la letra.

Jesús lo levantó de la muerte, por los demás tuvieron que

desatarlo. Jesús hizo su parte y cada uno de nosotros tiene que hacer la suya.

Desatarlo no debió haber sido nada fácil, quizás hasta debe haber sido una experiencia fuerte. ¿Se estaría moviendo Lázaro? Seguramente su carne estaba destilando olor feo, las vendas estarían húmedas y mal olientes. Pero Jesús nunca nos dijo que hacer nuestra parte sería fácil. Muchas veces nos toca una parte difícil, pero créeme que si lo haces con fe, tu carga se hará más ligera.

Debemos hacer las cosas con ganas, con pasión. Hay una tremenda historia bíblica que relaciona la pasión en la obediencia y su relación directa con el resultado. El profeta Eliseo ya estaba anciano, el rey de Israel lo visitaba buscando su ayuda contra el rey enemigo.

Eliseo le dijo al rey de Israel, toma un arco y unas saetas. El rey, obedeció, todo bien hasta allí. Pero la acción en la obediencia tiene que ir de la mano de la alegría que da la liberación.

El rey hizo como Eliseo le dijo, pero le faltó pasión. La profecía no le faltó, esta decía que debía golpear tres veces la tierra representando la derrota del enemigo. Y así lo hizo, pero luego se detuvo. ¿Por qué se quedó corto? ¿Por qué no hizo algo más allá de lo que se le pidió hacer? ¿Por qué no sacudió el cielo con su fe?

Frente a momentos decisivos en tu vida, no te des lujo de desperdiciarlos. Vive el momento. Métele sentimiento y aprovecha las oportunidades que Dios te da.

Cuando viajé a Corea del Sur tuve la oportunidad de conocer a grandes hombres de la fe. Algo dentro de mí me decía: «Anda, acércate y pide que oren por ti». Así lo hice. Me acerqué a Bill Bright y le pedí que orara por mi vida. Él puso sus manos sobre mi cabeza y oró para que Dios me diera pasión por las almas. Sé que Dios contestó su oración.

Debes apasionarte y ser una persona que va más allá de sus límites y te aseguro que caminarás en los terrenos de Dios. Él llenará tu tinaja vacía. Cree sin vacilar que Dios da semilla al que siembra.

La dimensión del espíritu te activará a una dimensión nueva. El cielo está lleno de ángeles, arcángeles, serafines, querubines, espíritus ministradores, veinticuatro ancianos, cuatro seres vivientes, la Divina Trinidad, y quizás mucho más de lo que imaginamos, quiero que sepas que en el cielo quieren bendecirte. Allí ocurren conversaciones a tu favor. Me imagino que hay reportes de los ángeles del Señor hablando de ti.

Una vez, mientras estaba orando, sentí que Dios me dijo: "Eres mi amiga". Esa palabra cambió mi vida, porque valoro el significado de la palabra amistad. Aquí en la tierra, los líderes de mi denominación me honraron y me dieron el título de Apóstol. En la Universidad me dieron el título de Doctora en Teología. Pero en el cielo, Dios me dijo que soy su hija, su amiga.

Ora junto a mí:

> *"Padre celestial, gracias por ser mi amigo. Gracias por estar pendiente a cada una de mis necesidades. Una vez más te pido que hagas tu voluntad en mi vida. Guíame, guárdame de todo mal y escóndeme en el hueco de tu mano. Te doy gracias por amarme y por tener planes de bien para mi vida. En el nombre de Jesús de Nazaret. Amén".*

Capítulo 13
DESCUBRE LO QUE HAY DENTRO DE TI

LA PRIMERA VEZ que experimenté una maravillosa fuente de poder en mi vida fue en el año 1976. Acababa de terminar de orar en la casa de la familia Zarak. Eran las siete de la noche y recuerdo que mientras estaba en el apartamento, Dios me había inquietado para orar por mí misma, así que lo hice insistentemente por algo que no entendía.

Bajé a buscar mi automóvil y de repente, de la nada, apareció un muchacho en una bicicleta y me arrancó la cartera con tanta fuerza que me tiró al piso. Rápidamente me puse en pie mientras la bicicleta se alejaba por esa calle oscura. Solo recuerdo que mientras me levantaba del piso iba sintiendo algo en mi interior que nunca antes había sentido. Una fuerza me invadió, apunte mi dedo índice hacia donde iba la bicicleta y con autoridad grité: «En el nombre de Jesús que se te caiga mi cartera». Cuando el muchacho oyó eso, no entiendo cómo pero empezó a trastabillar y fue así, la cartera se le cayó y él salió huyendo.

Parece un cuento de película, pero realmente me ocurrió, nadie me lo contó. Desde entonces me he dado cuenta que dentro de nosotros hay una fuerza tremenda que Dios nos ha dado, un poder que nos falta por conocer y desarrollar. Abre tu corazón y recibe la certeza de que eres un hijo de Dios, con autoridad delegada y con poder en las palabras que declaras.

Hay varias verdades a las cuales quiero que le prestes

atención, una de las más poderosas es la que Jesucristo dijo cuando declaró:

> «De cierto os digo que todo lo que atéis en la tierra, será atado en el cielo; y todo lo que desatéis en la tierra, será desatado en el cielo».
>
> —MATEO 18:18

Esto habla de una relación de acciones entre lo que hagamos o hablemos aquí en la tierra y lo que sucede en el cielo. Para ampliarle el significado de este versículo, la palabra *atar* en griego es *deo* que significa *amarrar, prohibir, declarar ilícito*. El término *desatar* en griego es la palabra *luo* significa *soltar, traer libertad, disolver, anular*.

Cuando Jesús se refería a atar y desatar correspondía al plano espiritual. Él sabía que las cosas espirituales se consiguen o se cancelan a través de la declaración de la palabra hablada. Lo que estoy tratando de decir es que Dios nos ha puesto un arma poderosa en nuestra boca a través de las palabras.

Esa autoridad de atar y desatar te ha sido dada para que teniendo fe cambies el rumbo de tu vida y el de las personas que te rodean. Esta autoridad es para que te levantes en oración y reclames aquellas cosas por las cuales estás orando.

Dios tiene todo el poder para hacer como mejor le parezca. El hubiera podido crear el mundo, soplando, sacudiendo, dándole una miradita a cada cosa. Sin embargo, la palabra nos enseña que todo lo que Dios creó lo hizo a través de la palabra hablada.

De ahora en adelante quiero que pongas atención a lo que dices. Habla con sabiduría porque tu boca es una máquina creadora de cosas buenas o de cosas malas. Te digo esto especialmente para que tengas cuidado con lo que dices cuando te enojas. A veces no dimensionamos el poder de nuestras palabras y cuando los sentimientos nos acogen, hablamos palabras que nunca debimos haber dicho.

Por otro lado, Jesús mismo dijo:

"Porque de cierto os digo que cualquiera que dijere a este monte: Quítate y échate en el mar, y no dudare en su corazón, sino creyere que será hecho lo que dice, lo que diga le será hecho".

—MARCOS 11:23

En tu boca está el poder para crear o para destruir, para mudar o para dejar. Créeme, en nuestro hablar hay poder. En este versículo dice: "Cualquiera", o sea todos entramos dentro de esa clasificación. Si tienes fe y crees, algo grande ocurrirá.

Tus palabras determinarán lo que serás. El salmista escribió: "Creí; por tanto hablé" (Salmo 116:10). Hablarás lo que crees y declararás las cosas que están en tu corazón. Creer es estar seguro, comprometido y persuadido de algo. Cree en Dios y verás maravillas.

Otros versículos que te ayudarán a entender esta verdad es: "Y todo lo que *pidieres* en oración, *creyendo*, lo recibiréis" (Mateo 21:22).

Lo que tú y yo tenemos que hacer es declarar con todo nuestro corazón las promesas que Dios nos ha hecho a través de la Biblia. Acciona, reclámalas y aprópiate de ellas.

En el mundo espiritual hay muchas promesas esperando que alguien las posea. Esto es más o menos como las ondas hercianas, no las vemos pero allí están, a nuestro alrededor. Basta con tener un receptor para poder recibirlas y un transmisor para emitirlas.

Recuerda: Tus palabras son importantes. El sabio Salomón dijo:

"La muerte y la vida están en el *poder* de la lengua".

—PROVERBIOS 18:21

Nuestra boca es una máquina creadora, debemos cuidar lo que hablamos, debemos cuidar lo que pensamos y tenemos en el corazón. Usemos este regalo de Dios para acondicionar nuestro mundo natural al mundo espiritual.

He sido miembro de la Iglesia del Evangelio Cuadrangular, fundada por una mujer que creía en milagros. Ella vivió a principios del siglo pasado y su nombre era Aimee Semple McPherson.

Si has leído acerca de su vida sabrás que a través de ella Dios realizó milagros maravillosos. Su vida fue de mucha inspiración para personas como la gran evangelista Kathryn Kuhlman, para millones de personas y por supuesto para mí también.

La vida de la hermana Aimee me inspiró muchísimo, y creo que si Jesucristo pudo hacer milagros en ese tiempo también puede hacerlos hoy. He vivido toda mi vida creyéndole a Dios rotundamente.

Tuve el privilegio de ser invitada a comer con el hijo de Aimee varias veces. Lo escuché narrarme historias de su madre, de su experiencia. Y cada una de ellas me inspiró a anhelar en mi corazón conocer el Dios de Aimee, de tal manera que alguien también pueda decir: "Conocí al Dios de Ilya".

Un día teníamos un predicador invitado en la iglesia, el pastor Esteban Chávez de la ciudad de Bucaramanga. Me había sentado en la primera fila y estaba concentrada oyendo la prédica, cuando de repente tuve una visión. En una de las esquinas de la iglesia veía una escalera eléctrica. Entendiendo que era una visión, inmediatamente oré y le pregunté al Señor el significado. Él habló a mi corazón y dijo: "Súbete a esa escalera, porque lo que le ha costado a otros, a ti no te costará".

Esa fue una interpretación poderosa, era una promesa personal que Dios me estaba dando en ese momento. Desde que aparecieron las escaleras eléctricas, la vida de todos se ha vuelto más sencilla para subir de un piso a otro. Así que ahora, todos los días doy pasos de fe, me subo a mi escalera eléctrica. Sé que en ella hay ángeles que suben y bajan.

¿Quieres subir a la escalera eléctrica conmigo? Ya no tenemos que sudar subiendo peldaño a peldaño por esos pisos que vamos conquistando. Súbete conmigo y permitamos que el Espíritu Santo de Dios haga el resto. Créele a Dios al pie de la letra. Todo lo que Dios dice es real y nosotros podemos experimentarlo a través de la fe. Todas las palabras de la Biblia son reales y son para ti. Si tan solo pudiésemos creer como los niños, veríamos cosa que ojo no vio ni oído oyó, cosas que ni siquiera hemos pensado pero que él las tiene preparadas para nosotros.

Creerle a Dios debe ser nuestro estilo de vida. Me refiero a vivir sabiendo que él es Todopoderoso. Para él todas las cosas son posibles.

Posiblemente es en este punto que a mucha gente le pasa lo mismo que a Tomás, el discípulo. Primero quieren ver y después creer. Pero Jesús dijo: "Bienaventurados son los que sin ver creen". ¿Qué tipo de persona eres tú?

Si te gusta el deporte prepárate para esta historia de la vida real. Hace algunos años fui unos días de vacaciones con mi familia y unos amigos a la hermosa ciudad de Madrid. Entre todas las cosas que hicimos, Johan Castillo, uno de los jóvenes que había venido al viaje, soñaba con ver un juego de futbol en el estadio Santiago Bernabeu. Así que su tía Blanca y yo lo acompañamos a cumplir su sueño.

Cuando llegamos al estadio resultó que habían cerrado todas las entradas porque estaban sobrevendidos los boletos. Evidentemente Johan se puso triste, al verlo así, en un acto de fe dije: "No nos vamos de aquí hasta que Dios haga un milagro y tú puedas entrar".

Oramos y pedimos un milagro de parte del Señor y nos quedamos dando vueltas alrededor del estadio mientras oímos los gritos de alegría que la gente daba. A los quince minutos un hombre salió del estadio, se acercó a un niño discapacitado que estaba en el área y trató de convencerlo para que entrara con él, pero el niño no quiso.

Cuando vi eso, corrí a donde estaba ese hombre y le hablé de Johan. Ante nuestros ojos sorprendidos le regaló un boleto de entrada al estadio y lo invitó a ingresar con él. ¿Sabe dónde le tocó sentarse? Cerquita al palco de los reyes de España. ¡Dios es grande!

Quizás pienses: "Pero ¿para qué ocupar a Dios en esas cosas sencillas? ¿Por qué no aceptar un no?". Creo que Dios quiere que aprendamos a ejercitar el músculo de la fe y aprendamos a empujar una puerta, aunque esté cerrada.

El punto es llegar a creer que para Dios no hay nada imposible. Estoy segura de que tú has dado por perdidas cosas como una llave, un caso judicial, un dinero que nunca te pagaron. Qué tal si simplemente le pedimos a Dios que nos ayude a encontrar lo que se ha perdido. Muchas veces me ha pasado y Dios ha mandado a sus ángeles para ayudarme a encontrar mis llaves.

Dios tiene experiencias maravillosas para tu vida. Hechos que la gente común no entendería, pero si tú crees, Dios te dará un banquete.

Muchos años atrás me llevé un pequeño grupo de niños a pasear por las montañas de Panamá, era un precioso domingo en la tarde. Estábamos como a una hora y media de la ciudad disfrutando del aire fresco de las montañas, compartiendo amenamente, cuando de repente bien arriba se me poncha una llanta del automóvil. Para no asustar a nadie, simplemente oré y le pedí a Dios que nos ayudara pues no era experta cambiando llantas. Nos detuvimos, le expliqué a los niños lo que estaba pasando, y esperamos un rato para ver si alguien llegaba y nos ayudaba.

Casi inmediatamente un grupo de muchachos rubios y buenos mozos, se nos aparecieron en sus motos y nos ayudaron a cambiar la llanta. Al rato, cuando quise remunerarlos por el favor que nos habían hecho, ya no estaban. Manejé lo más rápido posible y nunca pude alcanzarlos. Las diez personas que íbamos en el vehículo acordamos que debieron haber sido ángeles. Nada es imposible para Dios. Tómalo en cuenta en todos sus asuntos y clama a él.

Si estas cosas tan maravillosas me han ocurrido a mí, a ti también te pueden suceder. Dios es Señor del pasado y hoy quiere estar en tu presente. Él quiere ayudarte en lo que necesites. Está a tus órdenes. La única condición es que cuando te hable, le creas, aunque no comprendas lo que diga.

La palabra de Dios (*logos*) tiene que hacerse vida (*rhema*) para ti. Entonces podrás llamar a las cosas que no son como si fueran. Sencillamente: "Si Dios te lo dice, así será". Créelo y nunca lo dudes.

Recuerdo haber leído una historia sobre Napoleón Bonaparte que enfatiza el creerle a la palabra de nuestro superior. Cierta vez se escapó el caballo blanco de Napoleón pero nadie se inmutó en correteарlo excepto un soldado raso que fue tras él y cuando lo regresó al general Bonaparte, este muy agradecido le dijo: "Gracias mi capitán". Al día siguiente, el soldado raso cambió su uniforme por el de capitán. Cuando los oficiales lo vieron, se molestaron y lo reportaron al general Bonaparte. Sorprendido por la manera en que este hombre le había creído a su palabra decidió nombrarlo oficialmente "Capitán".

Todos creemos en algo. Tú crees en la electricidad, por eso enciendes tus luces. Crees en tu carro, por eso lo manejas. Crees en tu celular, por eso lo usas constantemente. Decide creer en lo que Dios ha dicho de ti.

Hablé con un niño que se cree el Power Ranger Rojo, me dijo: "Cuando sea grande voy a destruir al enemigo. Dios me va a dar poderes para conquistar y tendré mucha fuerza". Le contesté: "¡Así es! Dios ya te ha dado el poder necesario para vencer al enemigo. Ya puedes conquistarlo y vencerlo".

Jesús dijo:

"He aquí os doy potestad de hollar serpientes y escorpiones,
y sobre toda fuerza del enemigo, y nada os dañará".

—LUCAS 10:19

Ora junto a mí:

*"Dios de poder, he decidido creer en ti. Necesito tus
fuerzas para vencer, ayúdame a conocer la autoridad que me ha sido entregada. Te doy gracias por
amarme y por respaldarme. En el nombre de Jesús
de Nazaret. Amén".*

Capítulo 14
ÉL AUMENTARÁ TUS BENDICIONES

CUANDO LEO EL pasaje de la pesca milagrosa me pongo a pensar lo bueno que es tener al Señor de nuestra parte. Jamás los discípulos hubieran obtenido ese tipo de resultados con sus propias fuerzas. Sin embargo, cuando Jesús entró en la escena, los sorprendió. Es entonces que se ven en la necesidad urgente de llamar a otros barcos para que los ayuden porque la pesca era tan grande que ellos solos no podían recogerla.

En el 2008 tuve un sueño en el que veía caer dos llavecitas desde el cielo. Una más grande que la otra. La grande tenía un diseño muy impresionante y me llamó la atención por su tamaño. La llave chica era de una forma que nunca había visto. Su diseño era labrado finamente y con su extremo terminando en forma de v.

Por medio del sueño entendí que Dios me había entregado una autoridad nueva, y en verdad podía sentirla en todas las cosas que hacía.

Ese mismo año, el apóstol Rony Chavés, de Costa Rica, llegó al Centro Cristiano Betania y me profetizó algunas promesas que ya Dios le había dado a mi corazón. Él siempre usará a otras personas para confirmarte lo que ya te ha hablado. Lo más importante es que mantengas una relación personal con Él para que te lo diga a ti primero.

Permíteme usar un ejemplo de la Biblia para explicarte lo que vendrá sobre tu vida. Génesis es el libro de los principios y dice: "Y salía de Edén un río para regar el huerto, y de allí se repartía en cuatro brazos" (Génesis 2:10). Esa tierra era regada por estos ríos que mantenían el huerto en donde vivían Adán y Eva.

En estos postreros tiempos Dios está a punto de regar tu huerto con sus ríos de bendición. Prepárate, serás bendecido para ser de bendición a otros. Observa conmigo el significado de estos ríos.

El primer brazo es el río Pisón, su nombre significa *aumentar* y *agua desbordada*. Las bendiciones de Dios vendrán sobre tu vida de tal manera que se desbordarán. Si buscas el río de Dios, las bendiciones aumentarán. Las bendiciones que Dios tiene se van a desbordar, tal y como le pasó a los discípulos en la pesca milagrosa. Pisón era un río en donde había mucho oro de muy buena calidad. Así como las bendiciones que Dios te dará serán buenas en gran manera. Lo que ocurrirá en tu vida será de testimonio para todos aquellos que estén cerca de ti.

El segundo brazo era río Gihón, este nombre significa *oleada*, algo sorpresivo sobre tu vida, rompiendo hacia adelante. Grandes cosas hará Dios contigo. Necesitas tomar tiempo para ti. Siéntate. Planea. Ten proyectos listos. Quiero pedirte que estés preparado para las oleadas de bendición que Dios te enviará. Siento en mi corazón que estamos entrando a un tiempo donde las bendiciones vendrán como una ola sobre nuestra vida.

Me gusta ir a la playa y caminar en la arena. Hay momentos en que las olas nos sorprenden y podemos sentir el poder de las mareas teniendo efecto. Olas de bendición vendrán sobre ti y tus seres queridos. Si no te preparas puedes perder grandes oportunidades.

En el tiempo que trabajé para el gobierno de los Estados Unidos recuerdo haber viajado con el Comandante de la Base a una gira social. Íbamos en el mismo jeep y durante largas horas cruzamos montañas y trochas resbaladizas que hacían que las llantas del vehículo patinaran en el lodo y quedáramos cerca de los grandes precipicios. Ese día había estado lloviendo y de regreso nos topamos con un río que había crecido y como no tenía puente teníamos que atravesarlo buscando el lado más seco.

El conductor del jeep se detuvo juntamente con los otros conductores de la caravana. Analizaron la situación y unos de los choferes nos dijo que iba a amarrar el jeep con unos cables. Recuerdo como si fuera hoy, que el chofer en donde veníamos con el Comandante, dijo: "No necesito que me amarren, puedo cruzar, el jeep está en buenas condiciones". Finalmente y por recomendación del Comandante, nos amarraron con un cable al otro jeep.

Entramos al río, pero cuando íbamos por el medio, de repente, lo que llaman una cabeza de agua inundó totalmente el jeep, vino tan pero tan rápido que nos tomó a todos por sorpresa. Gracias a Dios por los cinturones de emergencia que teníamos puesto. Ese día sentí el poder de una oleada, la cabeza de río llevaba una fuerza increíble, la cual nos inundó completamente. Ese día perdí mi cámara de video, quedamos totalmente empapados, pero gracias a Dios conservamos nuestra vida. Dios te va a sorprender con bendiciones maravillosas, escogidas especialmente para ti.

El tercer río es el Hidekel que significa *rápido*, también es el río Tigris. Tienes que ser rápido para deshacerte de todo lo que pueda estancar el mover del Señor. Vivo en un país en donde llueve mucho. Muchas veces hay inundaciones porque los canales por donde corre el agua no han sido limpiados. Asegúrate de mantener tus canales abiertos y limpios para que el río corra rápidamente y nada lo detenga.

El cuarto río es el Eufrates y su nombre significa *fructífero* y también implica ser *fecundo*. Esto me hizo pensar en un estado maravilloso que nos da el Espíritu Santo. Embarázate de los sueños que él realizará en tu vida.

Dios ha tenido tanto cuidado de ti y de mí, aun antes de que naciéramos Él tenía escogido para nosotros nuestras bendiciones, nuestro camino. En otras palabras, las bendiciones que te ocurren no son improvisadas sino que han sido preparadas para nosotros. Es hora de disfrutar de las riquezas espirituales que el Señor tiene para nosotros. Dios quiere regar tu huerto. Él quiere mostrarte que puede cambiar tu futuro, si se lo permites. Quizás pienses: "Toda la noche hemos estado pescando y nada hemos conseguido". Decídete a creer en su Palabra y declara que en su nombre tirarás la red. Quizás desees tener un automóvil aunque sea de segunda. Pero Dios te está diciendo: "¿Por qué te conformas con tan poco? Yo soy capaz de darte uno de primera si tan solo tienes fe".

Estuve en una reunión sentada junto al pastor de la ciudad de Almolonga, en Guatemala. Según él contó, Almolonga era un lugar tradicional como cualquier pueblo de Latinoamérica hasta que un día llegó un avivamiento a ese lugar y la gente del pueblo comenzó a entregarle su corazón a Dios. Poco tiempo después, la agricultura fue afectada positivamente. Dios bendijo inclusive sus productos de la tierra. Las lechugas, las zanahorias comenzaron a crecer y a tomar dimensiones que nunca se habían visto en el mercado agrícola. Esto era algo nuevo. Los productos se convirtieron en una maravilla para todos los que los veían. Eran más grandes de lo normal. Dios es hacedor de cosa nueva.

Dios ha hablado a mi corazón y espero que lo recibas. Estás a punto de dar a luz y parirás milagros. Traerás a luz cosas nuevas, sueños y milagros nuevos, y serán creadas especialmente para ti.

Parirás milagros no importa tu edad ni cuánto dinero tengas. No importa si eres niño, joven o adulto. Dios ha sembrado la semilla de fe dentro de tu corazón y esa semilla está a punto de abrirse. Conviértete en un cuidador de la semilla que ha plantado Dios en tu corazón. Eres buena tierra.

Ora junto a mí:

"Padre, estoy listo para que hagas de mí como tú quieras. Riega mi huerto con tu presencia y ayúdame a mantenerme fiel a ti todos los días de mi vida. En el nombre de Jesús de Nazaret. Amén".

Capítulo 15
TIEMPO DE SOBREABUNDANCIA

E N ABRIL 1994 estaba esperando mi último cheque del gobierno de los Estados Unidos. Había renunciado a mi cargo para dedicarme a trabajar a tiempo completo al servicio de Dios. Ya tenía planes para ese último cheque. La provisión del mismo me ayudaría a sostenerme por varios meses. En ese tiempo, unos amigos de Costa Rica me llamaron me contaron de su sueño para la obra de Dios. Estaban emocionados y tenían muchos planes, pero lo que leí entrelíneas era que no tenían el dinero para llevar a cabo lo planeado. De repente, Dios me puso en el corazón entregarles mi último cheque.

Siempre he sido obediente a Dios y de corazón generoso, pero ese día dije: "Señor, ese es mi último cheque" (como si Dios no lo supiera). Volví a preguntar: "¿Estás seguro?". Inmediatamente un pensamiento cruzó mi cabeza: "Señor, yo también necesito, estoy iniciando mi propio ministerio". En cuestión de segundos tuve un diálogo con el Dueño del oro y de la plata. La respuesta que sentí en mi corazón, era el mandato de dar el dinero de inmediato. Conozco el mover de Dios, así que después de preguntarle diez veces lo mismo, les di sin vacilar el dinero de mi último, bello y amado cheque del gobierno de los Estados Unidos de América.

Recuerdo que le dije al Señor: "Bueno, ahora sí que estoy en tus manos y dependo de ti totalmente". No le dije a nadie lo que había hecho. Fue un secreto entre Dios y yo. Pero en mi oración le dije al Señor: "Te he entregado todo lo que tengo y me he quedado sin nada, pero sé que contigo tendré una maravillosa aventura».

Continué mi nueva vida como pastora a tiempo completo en una iglesia a la cual yo había sostenido económicamente hasta ese día. Al renunciar a mi trabajo pasaba a depender totalmente de la provisión de Dios. Después de entregarles el dinero a mis amigos, al cabo de una semana, milagrosamente Dios me había cuadruplicado lo que yo le había dado a esa pareja de pastores.

En el proceso de obediencia a Dios, el Señor nos bendice y multiplica lo que le hemos entregado a él. La lección más productiva que tuve no fue el dinero, sino aprender a caminar bajo la dirección de Dios. Él está buscando gente que tenga la osadía de dar pasos de fe.

Cuando somos obedientes, él nos respalda. Si nos mete en algo, podemos estar seguros que nos ayudará. En el cielo no hay falta de nada. La Biblia dice que donde Dios vive las calles son de oro, no como las de aquí en la tierra. Allá se camina sobre metales preciosos.

Si Dios te pide algo, no es porque a Él le falta. Nos pide para bendecirnos, para que aprendamos nuevas dimensiones de fe, donde se mueve lo que no se ve.

Dios quiere promoverte y en ese proceso quizás te sacudirá. Posiblemente te removerá el piso. Si lo hace es simplemente para darte algo mejor. Él tiene diferentes maneras de trabajar con cada uno de nosotros.

Todos los cristianos tenemos dos funciones: «Jesucristo nos hizo reyes y sacerdotes» (Apocalipsis 1:6). La mayoría de las personas no tienen problemas en ser religiosos o espirituales, como buenos sacerdotes. Pero sí tienen problemas con la primera parte del versículo que dice que somos «reyes». Dios quiere que vivamos como reyes aquí, en la tierra. Libres de deudas, con comodidades, llenos de vida y salud.

Algunos sueñan con que una calle lleve su nombre. Eso

no está mal. Otros anhelan que le pongan su nombre a un hospital o a una barriada. Eso tampoco está mal. Pero prepárate para dejar un legado mayor porque eres un hijo de Dios. Dios te ha capacitado para ser una persona de éxito, lo único que tienes que hacer en el camino es aprender algunas cosas nuevas, la vida es una escuela. La iglesia es una escuela. La Palabra de Dios es nuestra educación, nos abre los ojos. El Espíritu Santo es el que nos prepara y Dios te dice: "Hay recursos en tu propia casa".

Hace unos años una persona me mostró un bolígrafo Mont Blanc que le habían regalado, pero como no estaba familiarizada con la marca, no tenía idea del elemento costoso que tenía en sus manos. Me tomé el tiempo para explicarle lo que lo que le habían regalado, y enseñarle que era algo muy especial.

Esfuérzate por mejorar cada día, Dios te va a sentar en la mesa con príncipes. Pero los príncipes conocen de etiqueta, de protocolo, fueron instruidos para hablar con prudencia, para expresarse con firmeza y claridad. Pídele a Dios sabiduría, inteligencia y prudencia. En lo que a ti respecta, mejora tu ortografía, tu apariencia personal, aprende la etiqueta para comer, proponte ser cada día mejor.

Estás a punto de ver sanidades extraordinarias, provisiones sobrenaturales, conversiones inesperadas, el cielo se te abrirá y verás la gloria de Dios.

El capítulo del libro de segunda de Reyes 4 nos narra la historia de una mujer que estaba casada con un hombre de Dios. Al morir la dejó endeudada y sin nada. Encima de eso, el acreedor quería quitarle a sus hijos y tomarlos como esclavos.

No sé cómo está tu economía, pero quiero que sepas que la voluntad de Dios no es que vivas endeudado, sino que vivas quieta y reposadamente en la tierra de los vivientes. Dios quiere que disfrutes cada día lo que él ha creado para ti, que tengas salud, paz, amor y aproveches el toque de Dios.

Pero el sistema del mundo quiere hacerte un sirviente,

quiere esclavos, que trabajes y nunca tomes vacaciones, que sudes y nunca veas progreso en tu situación.

Uno de los conflictos matrimoniales más grandes es a causa del dinero. Pero Dios ha prometido que estarás arriba y no abajo, serás cabeza y no cola.

Debemos aprender la forma en que Dios hace las cosas. Él quiere que seamos diligentes. La concepción de la palabra "milagro" para muchas personas es que caiga el mantel del cielo, pero el pensamiento de Dios es que tú y yo siempre pongamos algo de nuestra parte. En la historia de Lázaro, Jesús le pidió a los que estaban con Él ante la tumba que quitaran la piedra y que lo desataran, Él haría el resto (Juan 11:14).

> "Y Eliseo le dijo: ¿Qué te haré yo? Declárame qué tienes en casa. Y ella dijo: Tu sierva ninguna cosa tiene en casa, sino una vasija de aceite".
>
> —2 Reyes 4:2

Quizás hasta el día de hoy has estado esperando que alguien te regale algo. Tal vez eres un tipo de persona que depende de la misericordia de otros para sobrevivir. Pero amigo, ¡tú lo puedes lograr! Echa todo pensamiento negativo y emprende algo nuevo. Revisa y mira, algo tienes para comenzar. En el cielo están esperando que avances. No necesitas de nadie para hacerlo, sólo de la fortaleza y sabiduría de Dios.

Esta mujer pidió vasijas e hizo su parte, verter el aceite que no cesó, hasta que se acabaron las vasijas. Dios quiere que seamos sabios y prudentes. Que si no estamos familiarizados con el mundo de los negocios, busquemos profesionales que nos ayuden. Que si no sabemos cómo solucionar un problema, busquemos asistencia.

Cuídate de las trampas y cuídate de ti mismo. Queremos vivir como reyes, pero no perdamos la cabeza. Asesórate siempre con los que saben. Pide opinión a gente preparada.

Estaba en mi casa trabajando en la computadora y de

repente llega un e-mail con una nota de Western Union de Londres que decía lo siguiente: "Ilya Carrera, quiero que sepa que se ganó $250,000". Rápidamente me di cuenta que era un fraude. ¿Cómo me voy a ganar dinero si ni siquiera he participado de un juego? Efectivamente. Era un fraude, para que yo contestara y de esa manera robar mis datos.

En otra ocasión, una persona de la iglesia me dijo que había un millonario que quería donar dinero para la iglesia. Me dio el nombre y toda la información. El hombre me llamó, me dijo quién era y que quería donar cuatro millones de dólares para la iglesia. Al principio brinqué de alegría. Luego de conversar por teléfono por unos minutos me terminó diciendo: "Como prueba de tu fe y en acción de agradecimiento por lo que Dios está haciendo contigo quiero que de los 4 millones de dólares envíes un adelanto de $2,000 dólares a tal pastor. De tal manera bendecirás a otra persona". Allí me di cuenta que este hombre estaba subestimando mi inteligencia, le dije que me avisara cuándo depositaría primero el dinero y después haría la ofrenda que solicitaba. El hombre se enojó y me dijo que yo no tenía fe.

El sistema del mundo quiere que caigamos en sus engaños, en la trampa del dinero.

Otro estafador se nos acercó, se hizo pasar por jugador profesional de futbol, diciéndome que quería depositar unos millones en la cuenta de la iglesia, pero que primero debía darle unos miles de dólares para hacer la transacción, porque él no llevaba efectivo para movilizarse.

Ten cuidado con tus inversiones. Cuídate aún de ti mismo. No te metas en deudas innecesarias. No aceptes un diagnóstico acelerado. No salgas de fiador por nadie. No todo lo que vendrá será de Dios. Haz inversiones inteligentes. El libro de Proverbios 1:10 dice: "Hijo mío, si los pecadores te quisieren engañar, no consientas".

Si la viuda no hubiera buscado al profeta de Dios, nada

favorable le hubiera acontecido. Al hallarlo encontró el rostro del Señor. Estoy segura de que antes de buscar a Eliseo, clamó al cielo.

Si estás esperando un milagro, no esperes que te llegue solo. Puedes clamar por un trabajo y el milagro puede ocurrir, pero seguramente Dios te dirá: "Levántate y ve a pedir vasijas. Levántate y haz algo".

Que nuestros espíritus sean despertados para saber que somos guerreros de oración para arrebatar, para decir: "Señor, recibiré lo que tú me has prometido", llámese esposo, escuela, carro, casa, plata, etc.

Cuando la viuda de la historia habló con Eliseo. Él le preguntó: "¿Qué quieres?". Le estaba diciendo: "¿Que quieres que te haga? ¿Qué quieres que realice por ti?". Dios te ha dado a ti también esa capacidad de producir cosas grandes.

En muchos casos nos pasa como a Moisés cuando estaba en frente del mar Rojo, cuando Dios le dice: "¿Qué haces clamando Moisés?". En otras palabras le estaba diciendo que entienda los tiempos. Hay tiempo para clamar y tiempo para accionar. Ya no era el tiempo de clamar sino de actuar.

"Mujer, declárame lo que tienes en tu casa", le dijo. Y ella respondió: "Tu sierva ninguna cosa tiene en casa". Eso es lo que la mayoría diría: "No tengo nada. No sé nada". Pero agregó: "sino una vasija de aceite".

La Palabra "vasija de aceite" se refiere a un pequeño frasco. Dios quiere hacer cosas grandes con tus pequeñas cosas, y serán hechas en el nombre de Jesús.

Di conmigo: "Dios hará cosas grandes en mi vida". ¡Dios las hará! El profeta llevó a la mujer a analizar qué era lo que tenía. Sí tienes algo, en tu casa hay recursos.

Recientemente leí la historia de una pareja que no tenía mucho dinero, pero decidieron inventar algo nuevo: pan *gourmet* para perros. ¿A quién se le ocurriría una cosa así? Empezaron a publicarlo por la internet y en menos de un año habían vendido más de un millón de dólares en su tiendita de pan gourmet para perros.

¿Tienes algo que puedas poner en las manos del Señor? Estoy segura de que sí, porque Dios te ha bendecido. Dejarás de vivir endeudado, con esa enfermedad que te aflige, le dirás adiós a la tristeza y declararás que el gozo de Jehová es tu fortaleza. Pasarás de la escasez a la abundancia, en el nombre de Jesús.

Si quieres avanzar hay que desarrollar estrategias, hay que pedirle al Señor ideas, analizar, dar una mirada hacia adentro y decir: "¿Qué puedo hacer? ¿Qué puedo inventar?".

Mira lo que tienes y lo que sabes hacer. Entonces di: "Señor, yo sé hacer pan, puedo hacer una revista, puedo tocar guitarra, puedo cocinar y vender el arroz con pollo más rico del mundo". ¿Puedes hacer algo? Allí está el secreto para salir de la escasez a la abundancia. Espero que tu espíritu se esté despertando.

Tú eres rico. Dilo conmigo: "¡Soy rico! ¡Soy rico! ¡Aleluya! Dios tiene grandes cosas para mí". Si estás enfermo grita: "¡Estoy sano! ¡Estoy sana en el nombre de Jesús!".

Ora junto a mí:

> *"Padre bueno, te doy gracias porque me has bendecido de antemano. Gracias porque mi vida está en tus manos. Te pido que abras mis ojos para que pueda ver el bien que tienes para mí. En el nombre de Jesús. Amén".*

Capítulo 16
LA REGLA DE ORO

ESE DOMINGO EN la tarde Eva había llevado a una persona a la iglesia. Su invitada nos visitaba por primera vez y se sentó junto a ella en la última fila. Al cabo de un rato, salió del salón aparentemente a tomar el aire. De repente, se me acercan y me dicen que alguien estaba muerto en el recibidor.

No lo podía creer, la invitada se había sentido mal y se sentó en uno de los asientos en el recibidor, le dio un infarto y murió. Nadie se había dado cuenta.

Cuando los ujieres me avisaron, salí y allí vi a la señora. Era una mujer de 75 años, delgada y sin signos vitales. Algunos profesionales trataron de ayudarla, pero aparentemente ya era tarde. Humanamente era imposible hacer algo. Llamamos a la ambulancia, e inmediatamente nos pusimos a orar para que Dios le devolviera la vida. Oramos durante unos quince minutos, reprendiendo el espíritu de muerte y reclamando espíritu de vida. Sinceramente me decía a mí misma: "¡Dios haz algo, haz algo! ¡Ahora es tu tiempo!".

Milagrosamente después de esos minutos la señora volvió a la vida. Llegó la ambulancia y le dieron los primeros auxilios y luego se la llevaron al hospital. Luego la visité en el hospital y pude compartirle la Palabra de Dios a ella y a su familia.

Al cabo de unos meses, mientras manejaba por un área residencial vi a la misma señora entrando a un lugar comercial. Me sonreí y me dije a mí misma: "Allí va un milagro de Dios andante".

Gloria a Dios que a Eva se le ocurrió invitar a su amiga a la iglesia ese día. Su invitación le trajo vida y salud. Su decisión cambió su vida.

Dios tiene planes para tu vida. Es una hermosa bendición tener amigos y familiares que te ayuden a alcanzar esos planes. Si ya has sido bendecido busca a alguien a quien bendecir.

Un día Jesús de Nazaret recibió una noticia: "Enviaron, pues, las hermanas para decir a Jesús: Señor, he aquí el que amas está enfermo" (Juan 11:3). Esa información cambió el destino de Lázaro, pues sus hermanas se tomaron el tiempo para buscar a Jesús.

Las decisiones que tomamos a favor nuestro o de nuestros seres queridos, trazan nuestro futuro. Especialmente si nuestra decisión pone a Dios en el centro.

Cualquiera que sea la situación por la que estás atravesando, llama a Jesús de Nazaret, Él te dice hoy, como dijo en aquel tiempo: "No te he dicho que si crees, verás la gloria de Dios".

Date una oportunidad y ayuda a otros para que también la tengan. Es importante que nunca pierdas de vista lo que Dios te ha prometido. Si te ha dado una promesa, debes estar seguro de que "cielo y tierra pasarán, pero sus palabras no pasarán".

Hay un sentimiento indescriptible que experimentamos cuando ayudamos a otra persona. No puedo explicarlo, pero es una enorme satisfacción que se siente en el corazón.

Estaba en una fila para ingresar a Epcot Center, el maravilloso parque de Disney, en la ciudad de Orlando, cuando de repente una persona aparece preguntando quién quería un boleto gratis. Las personas que estaban en la fila conmigo se quedaron pensando y no actuaron, pero mi mano se levantó rápidamente. La señora se acercó y puso en mis manos un boleto gratis para todos los parques de Disney. Lo que a otros posiblemente les costó $150.00, a mí me lo regalaron. ¿Por qué? Porque estuve presta a atreverme y levantar mi mano. Mientras pensaba si realmente era verdad lo que aquella señora estaba diciendo, me fijé en su rostro y sentí que ella estaba tan emocionada como yo. Parecía que en ese momento estaba viviendo lo que dice la Biblia: "Es más feliz quien da, que quien recibe". Sea lo que estés pensando hacer en tu vida, toma por costumbre ayudar a otras personas. Hay un secreto de crecimiento en aprender a compartir y dar. Pensar en el bienestar de otros, ayuda para que el tuyo sea agrandado.

Genaro y Sory son una pareja de la iglesia. Él es italiano y ella cubana. Su familia tiene una condición especial ya que dos de sus tres hijos sufren una enfermedad degenerativa en los huesos que les impide caminar. Genaro y Sory son dos héroes pues siempre los vemos atendiendo a sus hijos con paciencia y con amor. Cada vez que los veo me saludan con una hermosa sonrisa y me invitan a comer a su restaurante. Los veo y pienso: "¡Qué padres fabulosos!", y mi corazón salta para bendecirlos. ¡Qué misión tan especial les ha asignado Dios! Ambos son ángeles en acción.

Los seres humanos son creación de Dios. Algunos ya viven como hijos de Dios, pero otros no lo han reconocido aún como Padre. La Biblia declara que nuestro Padre celestial es amor. Él nos ama a todos por igual y quiere que nosotros amemos su creación igualmente.

Jesús de Nazaret presenta una regla de oro cuando dijo:

> "Así que, todas las cosas que queráis que los hombres hagan con vosotros, así también haced vosotros con ellos; porque esto es la ley y los profetas".
>
> —MATEO 7:12

Un buen ejemplo de ayuda a otras personas es el relato acerca de la visita del *Fabricante de milagros* a Capernaum:

"Inmediatamente se juntaron muchos, de manera que ya no cabían ni aun a la puerta; y les predicaba la palabra. Entonces vinieron a él unos trayendo un paralítico, que era cargado por cuatro. Y como no podían acercarse a él a causa de la multitud, descubrieron el techo de donde estaba, y haciendo una abertura, bajaron el lecho en que yacía el paralítico".

—MARCOS 2:2-4

Me imagino la escena. La casa estaba llena porque Jesús estaba adentro. Los enfermos estaban por todos lados esperando ser tocados, también estaban la familia, los amigos, la gente de Capernaum y todos los que lo seguían dondequiera que iba.

Estos cuatro hombres llegaron a la casa con su amigo en camilla, trataron de pedir ayuda para entrar a la casa, pero nadie quería ceder su puesto. No tienen opción, amaban mucho a su amigo, así que la solución fue subirse al techo y abrirle un hueco. Se convirtieron en armadores de soga para bajar a su amigo en la camilla justo a los pies de Cristo.

Que Dios nos ayude a nunca detenernos por los obstáculos. Que el amor nos lleve más allá de nuestras posibilidades. Que seamos capaces de remover techos por causa de aquellos que están a nuestro alrededor.

Mucha gente ha adoptado la idea de no ayudar a otros porque creen que les pagarán mal, pero alguien tiene que comenzar a romper esos patrones y esos debemos ser los hijos de Dios. En la historia del buen samaritano, Jesús enseñó que aquel que es el prójimo es aquel que ayuda, aquel que aunque tenga que poner de su salario es capaz de perder para que otros ganen. Conviértete en héroe, ayuda a otros porque así te hará Dios a ti también. Ayudando a otros, verás la mano de Dios a tu favor.

En el deseo de cumplir tu propia visión, posiblemente pienses que servir a otros, retrasa tu paso. Pero la Biblia nos enseña que servir a otros engrandece y manifiesta el corazón de Dios. Ayuda a los demás a cumplir sus metas, enseña a otros a alcanzar lo que no han logrado.

Jesús hizo reflexionar a un intérprete de la ley sobre lo que Dios manda:

> "Amarás al Señor tu Dios con todo tu corazón, y con toda tu alma, y con todas tus fuerzas, y con toda tu mente; y a tu prójimo como a ti mismo".
>
> —Lucas 10:27

Entonces contó la historia del buen samaritano. Jesús enseñó que debemos ser aquel que ayuda, que no pasa por alto la urgencia de otros, el que se arriesga por ayudar a otros y aún el que toma de su propio salario para pagar por la seguridad de otros.

¿Quieres llegar a donde nunca has llegado o sentir la satisfacción que nunca has sentido? Conviértete en héroe. Ayuda a otros porque así te hará Dios a ti también. Abre tu mente y sal de tu camino para ayudar a otros, si es necesario.

El apóstol Pablo escribió:

> "No nos cansemos, pues, de hacer bien; porque a su tiempo segaremos, si no desmayamos. Así que, según tengamos oportunidad, hagamos bien a todos, y mayormente a los de la familia de fe".
>
> —Gálatas 6:9-10

En una ocasión, escuché a un predicador nativo norteamericano llamado Búfalo Negro, contar una historia acerca de una tribu americana. Varios misioneros habían hecho el esfuerzo de ir a visitar la tribu para tratar de evangelizarlos. El primer misionero fue y les dijo como debían salir del pecado y dejar el alcohol a un lado. A lo que ellos le contestaron que sus jefes ya les habían dicho exactamente lo mismo.

El segundo misionero fue y les dijo que dejaran de mentir

y de robar. A lo que ellos le contestaron que sus jefes ya les habían dicho lo mismo.

El tercer misionero les dijo que Jesús de Nazaret había muerto en la cruz del Calvario para pagar y perdonar el pecado de todos los seres humanos. Que había venido a este mundo para salvar lo que se había perdido. A lo que ellos contestaron que eso no lo sabían y que era exactamente lo que necesitaban oír. Ese día le entregaron su corazón a Jesús de Nazaret.

El sentir de Cristo está centrado en ganar a las personas y acercarlos a él, y para lograrlo él cuenta contigo y conmigo. Por eso Jesús vino a este mundo para salvar a los necesitados.

Alrededor de 1993 estaba leyendo Charisma, una famosa revista estadounidense, cuando de repente encontré una historia acerca de la situación espiritual en Rusia. Algo se apoderó de mí y comencé a llorar sin parar. Tuve que poner la revista a un lado y orar para que Dios me hablara. Sentí en mi corazón que el Señor quería que fuera a Rusia. Así que armé un equipo de personas para el viaje, Blanca Castillo, Viera Krapchuk y Eduardo de Lemus, fueron mis acompañantes.

Llegamos a Rusia y compartimos la Palabra de Dios en las escuelas, los parques, las iglesias y los trenes. Dondequiera que podíamos hablábamos de Dios. Un día predicando en un parque se nos acercó un muchacho de unos catorce años de edad. Estaba borracho, desconsolado. Le hablamos del amor de Dios. Sasha nos contó que ese mismo día iba a quitarse la vida, pero que al oírnos hablar de Dios, el Señor le había dado esperanza. Es impresionante como Dios tiene todas las cosas bajo control.

Habíamos viajado hacia el sur a un lugar llamado Krasnodar, cerca del mar Negro. Allí vimos la mano de Dios moverse poderosamente y muchos fueron salvos.

Regresamos a Moscú en tren, era un viaje de varios días y estábamos felices por lo que habíamos visto. El primer trayecto del viaje estuvo perfecto, el panorama muy hermoso. Pero en la madrugada del segundo día, tuvimos un incidente con los militares. Nos abrieron el vagón y a punta de rifles nos bajaron del tren. Resulta que estábamos cruzando Ucrania y lamentablemente no teníamos visa porque no sabíamos que la necesitábamos.

Nos metieron en un puesto de militares y nos deportaron de Ucrania. En ese momento, me di cuenta que el enemigo estaba molesto porque habíamos tenido una cosecha hermosa entre los rusos. Los soldados nos subieron a otro tren juntamente con un grupo de estudiantes africanos que también estaban siendo deportados.

¿Sabes lo que hicimos? Nos pusimos a hablarles a los africanos de Cristo. Recuerdo especialmente a una joven llamada Aminata, ella era de Mali. Pasamos horas con ella, le cantamos y hablamos del Señor. Aminata dijo que nunca había oído hablar de Jesús de Nazaret, pero que regresaba a su tierra e iba a contarle a su gente de ese Salvador de quien le estábamos hablando.

La voluntad de Dios es que podamos compartir las buenas nuevas con la gente. Esta es la regla de oro. Sólo Dios sabe hasta dónde nuestro viaje a Rusia impactó a las personas con quienes tuvimos contacto. Lo más importante en tu vida y en la mía es dejarnos usar por el Señor, estar dispuestos a que él nos mueva como quiera.

Cuando comencé el ministerio que Dios me ha dado, venía familiarizada con el liderazgo y la administración. Estaba consciente de que siempre hay trabajos que los empleados tratan de evadir, siempre hay tareas que los hijos no quieren hacer en las casas. Así que le dije al Señor que lo que nadie quería hacer, yo quería hacerlo para él: "Señor si tienes un trabajo y nadie quiere hacerlo, no busques más, ya me encontraste, yo lo hago para ti". Durante todos estos años he estado trabajando para Él.

Como trabajo para Dios, he llegado a filas en diferentes aerolíneas, y cuando han visto mi nombre en muchas oportunidades me han dicho: "Sra. Ilya, le tenemos algo mejor, la vamos a sentar en primera clase". He ido a lugares a comer y alguien ha pagado mi cuenta en el restaurante. Nunca olvides esto: "Dios siempre paga bien".

Que Dios nos ayude a amar a nuestro prójimo y a hacer el bien todo el tiempo. Amar al prójimo nos ayuda a no pensar tanto en nosotros mismos, nos inspira a compartirles la Palabra de Dios y de esa manera le permitimos a Dios actuar en nuestra vida.

Ora junto a mí:

> *"Padre celestial, te doy gracias por tu amor. Te pido que me ayudes a ser de bendición para los me rodean. Enséñame a amar a mi prójimo como a mí mismo. Regálame el don del servicio, para que sirviendo a otros, te agrade a ti, en el nombre de Jesús. Amén".*

Capítulo 17
LA SANGRE DE CRISTO TIENE PODER

ACE VARIOS AÑOS tuve la oportunidad de conocer a Reinhard Bonnke en Puerto Rico. Ese famoso evangelista alemán que le predica a millones de personas en África, contó que cierta vez estaba en la India y una mujer le dijo: "Dime, ¿cómo es eso que la sangre de Cristo nos perdona de todo pecado y nos limpia? ¿Cómo es eso que la sangre de Cristo tiene poder? Si fuera un buen hombre quizás su sangre pudiera ayudar a 100 personas o hasta 1000 personas. Pero, ¿cómo podría su sangre aplicarse para todo aquel que clama a él?".

¡Qué pregunta la de esa mujer! Cristo es nuestro ayudador y Salvador. Su sangre sigue teniendo poder aún en nuestro tiempo, Él entregó su vida para que seamos beneficiados.

Hay un pasaje de la Biblia que manifiesta aspectos del cielo que quizás hayamos pasado por alto. Este narra cuando Jesús resucitó. Esa mañana María Magdalena y la otra María se habían levantado temprano para ir a ungir el cuerpo de Jesús. De su propio dinero habían comprado todas las especies. Compungidas fueron bien temprano a la tumba de su maestro y se encontraron con una gran sorpresa. La piedra del sepulcro había sido movida, y no solo eso, había un ángel con la apariencia de relámpago, con vestiduras blancas como la nieve, sentado sobre la piedra. Jesús de Nazaret no estaba solo. Su padre celestial había dispuesto ángeles a su cuidado y a su servicio. Así como los ha puesto para servirte y guardarte a ti.

Ese ángel estaba manifestando una actitud de conquista ante el reino de las tinieblas y ante los seres humanos. Él no quitó la piedra de la tumba simplemente y desapareció. Esto es mucho más que eso. El ángel se sentó sobre ella como diciendo: "¡Ja! A ver qué puede hacer el enemigo ahora". Fue una declaración de libertad. Una actitud de victoria y una manifestación de autoridad y de poder. Como diciendo: "Aquí mandamos nosotros y no hay más que hablar". ¡Jesucristo venció!

¿Cómo te imaginas el reino de Dios: un gobierno débil o fuerte? El reino de Dios, el reino de los cielos se trata de poder. Cuando estás en el ejército del Señor, estás de parte de los ganadores. El ejército vencedor es mayor y más fuerte que el del enemigo.

Sentarse sobre la piedra removida declara un mensaje: "Consumado es". El enemigo está derrotado y no hay nada que pueda hacer, se quedó sin autoridad.

> "Y de miedo de él los guardas temblaron y se quedaron como muerto. Mas el ángel, respondiendo, dijo a las mujeres: No temáis vosotras; porque yo sé que buscáis a Jesús, el que fue crucificado".
>
> —Mateo 28:4-5

En otras palabras: "Ustedes señoras no tengan miedo de mí. Que me teman los que se han metido con Jesús, pero ustedes no".

No temas por nada en el mundo, si Dios está contigo, ¿qué contra ti? Esta es una palabra poderosa para tu vida y para la mía. El enemigo trata de intimidar a la humanidad todo el tiempo. Sus ataques son enviados para destruir la fe de aquellos que creen en Dios. ¿Te han tirado algún misil para que tu fe flaquee? Los conozco. Son proyectiles destinados a matar, pero son desintegrados por el poder de Jesucristo de Nazaret.

No permitas que los dardos del enemigo te hagan daño. ¿Sabes cómo es la mejor manera de hacerlo retroceder? Párate sobre la piedra que fue removida y dile en voz alta que nada te hará separar de Cristo. Súbele la voz para que note que no le tienes miedo. La mejor manera de hacer que se vaya, es alabar a Dios.

Jesús dijo: "En el mundo tendréis aflicción, pero confiad, yo he vencido al mundo". ¡Confía en Dios!

El apóstol Pablo pasó por todo tipo de ataque de parte de Satanás. Me gusta su actitud. En cada una de esas opresiones nunca bajó la guardia. Mantuvo sus ojos puestos en Cristo. No se desanimó jamás. Me gusta el pasaje en Hechos 28:3-5 cuando el apóstol fue mordido por una víbora mientras estaba en la isla de Malta. Los nativos de la isla enseguida juzgaron, pero Pablo se sacudió la víbora y continuó recogiendo leña y haciendo una fogata.

¿Te ha mordido una de esas víboras que manda el enemigo? Te preguntarás que debes hacer en esos casos, ponme atención, aquí vienen tus instrucciones: "Sacúdela y sigue adelante". La sangre de Cristo tiene poder. Dios te ayudará. Nunca te abandonará.

Existen dos tipos de personas, los que le creen a Dios o aquellos a quien el enemigo hace temblar. David, el pastor de ovejas, nunca se dejó intimidar por las palabras atacantes del enemigo del pueblo de Dios. Mientras que todo un ejército, incluyendo su rey, temblaba y desfallecía, David tenía su fuerza en el Espíritu Santo. Él sabía que el enemigo ladra, pero cuando Dios ruge, todo cambia en nuestra vida.

Los Goliats hablan de más. Nos atacan, mienten en grande, amenazan, humillan, hacen que la gente tiemble de miedo, pero los que creen en Dios, se levantan, matan gigantes y se paran sobre la roca.

Cuando a mi madre le decretaron una enfermedad terminal, las dos nos agarramos de las manos y nos miramos. Ella se hacía exámenes y nunca dieron indicios de ninguna enfermedad. El dictamen nos tomó por sorpresa, pero recuerdo que le dije: "¡Mamá te morirás de cualquier otra cosa, pero no de eso!", y así mismo ocurrió. El día que partió de este mundo fue por otra cosa. Y tampoco fue sorpresivamente, Dios me avisó horas antes de llevársela. Jamás te dejes intimidar por el enemigo.

Confía en Dios con todas tus fuerzas. Decide pararte sobre la roca y saca tu espada de dos filos. Cada vez que declaras que no puedes, atas las manos de Dios. Cada vez que declaras una imposibilidad bajas al ángel de la roca.

Una persona de la iglesia me llamó para contarme lo que el médico había dicho de su hija: "El médico dijo que tiene una enfermedad hereditaria, que su columna está desviada y que nunca jamás se sanará". Continuó diciendo: "Nunca más podrá hacer ni esto ni aquello". Podía sentir que del otro lado del auricular estaba el corazón quebrantado de una madre llorando por su hija. Pero de repente, tan pronto tuve la oportunidad de compartirle una palabra de fe, le recordé quién es su médico divino de cabecera. Tomamos un tiempo y la volví a enfocar en el poder sanador de Cristo. Le recordé que ella misma había sido sanada de cáncer, y lo que los médicos habían dicho de su situación. Cuando colgamos el teléfono, ella se sentía segura en las manos de Dios.

Sabemos que "Jesucristo es el mismo, ayer, y hoy, y por todos los siglos" (Hebreos 13:8). Él es fiel y verdadero. El apóstol Juan, quien lo conoció muy bien, dijo:

> "Y hay también otras muchas cosas que hizo Jesús, las cuales si se escribieran una por una, pienso que ni aun en el mundo cabrían los libros que se habrían de escribir. Amén".
>
> —Juan 21:25

Te irá bien en todo lo que emprendas porque Dios siempre te protegerá. Conviértete en un cristiano fiel que jamás le deje las puertas abiertas al enemigo. La Palabra dice que "vuestro adversario el diablo, como león rugiente, anda alrededor buscando a quien devorar" (1 Pedro 5:8). A través de mis años de pastorado me ha tocado ver personas repentinamente perdiendo grandes oportunidades en su vida. La palabra rugiente en griego es *oryomai* que significa *cantando en voz alta*. Eso es lo que el enemigo hace: declarar maldiciones en voz alta. Está tratando de robarte tus bendiciones. Él está gritando para que le prestes tus oídos. Contéstale con la Palabra de Dios. Así como le contestó Jesús, en el día de su tentación.

Una vez, un predicador amigo dijo algo que me llamó mucho la atención referente a nuestra vida cristiana: "No estamos en un crucero, estamos en un barco de guerra". Cuando estamos en guerra, el sistema de inteligencia se activa y nunca se le anuncian los planes al enemigo, más bien se le sorprende. He aprendido que toda información sobre nuestra vida personal, cada declaración que hagamos tenemos que cubrirla para que el enemigo no la vea ni la sepa. El enemigo está tratando de captar las palabras que hablas para levantarse contra ti y así frustrar tus planes.

El profeta Jeremías se encontró en serios problemas y declaró en el capítulo 20 del mismo libro lo siguiente: "Dios está contigo como poderoso gigante, por tanto los que te persiguen, tropezarán y no prevalecerán". Él es tu capitán, puedes hacer proezas en su nombre. No eres cualquier persona, él es tu escudo, tu defensor, tu ayuda.

Cierta vez estaba en una reunión de las Sociedades Bíblicas en Bogotá, Colombia y fui impactada por la historia de un "colportor" que es un distribuidor de Biblias. Era el tiempo de la guerrilla y en su ruta de venta le tocaba visitar algunos pueblos que estaban bajo el control de guerrilleros. Un día recibió una amenaza: "No sigas trayendo Biblias, te vamos a matar".

Este hombre estaba recibiendo muchos pedidos de Biblias pues las personas se estaban convirtiendo a Cristo aún en medio de esa crisis. Así que decidió orar y continuar con la labor encomendada.

Pasó el tiempo y no había vuelto a escuchar más sobre estos hombres, hasta que un día lo volvieron a llamar y le dijeron: "Te hemos estado siguiendo y el día que dejes de andar con esos guardaespaldas armados, te mataremos". Este hombre había dado un paso de fe y Dios lo había respaldado. Puso ángeles guerreros al lado de este distribuidor de Biblias, los hombres de la guerrilla los habían visto y tuvieron temor. Esos ángeles del Señor están a tu servicio también. Contigo está el León de la Tribu de Judá, nunca estarás solo.

La sangre de Jesús tiene poder. La Biblia dice:

> "Así que, hermanos, teniendo libertad para entrar en el Lugar Santísimo por la sangre de Jesucristo".
> —HEBREOS 10:19

También añade:

> "y ellos le han vencido por medio de la sangre del cordero".
> —APOCALIPSIS 12:11

Cada vez que el enemigo trate de intimidarte, contéstale con la Palabra de Dios y dile: "Porque escrito está", tal como le contestó Jesús de Nazaret.

En 2 de Timoteo 4:7 el apóstol Pablo dijo: "He peleado la buena batalla, he terminado la carrera, he guardado la fe".

Que al transcurrir los años, podamos decir lo mismo.

Ora junto a mí:

> "Padre celestial, me pongo en tus manos. Te pido me ayudes a conquistar mi victoria todos los días de mi vida. Líbrame de mal. Sé mi refugio de día y de noche. En el nombre de Jesús. Amén".

Capítulo 18
MEJORA TU VISIÓN

CUANDO TUVE LA oportunidad de ir a Alaska en un crucero, a medida que íbamos atravesando los diferentes lugares podíamos notar los hermosos trazos de Dios en la naturaleza. Todo era absolutamente impresionante, estábamos maravillados con lo que veíamos a nuestro alrededor.

El viaje entre Seattle, Washington hasta Alaska fue un verdadero regalo de Dios, especialmente para una persona como yo, que le apasiona la fotografía y la naturaleza. Desde que zarpamos del primer puerto, todo a nuestro alrededor era hermoso.

Una mañana, saliendo de un puerto llamado Ketchikan, decidí ir a la cubierta en compañía de mis amigos. El paisaje era tan precioso que les pedí que posaran para tomarles una fotografía. Al enfocar la cámara quedé realmente impactada con el paisaje que veía como fondo, parecía una escena salida de una película. De pronto mis amigos me pidieron que yo también posara para una foto, aunque casi nunca acostumbro a hacerlo pues siempre soy la fotógrafa, pero en esta ocasión, accedí tan sólo por complacerlos. Pero cuando posaba resultó ser que el paisaje que veía desde ese lugar era mejor que el que había tenido frente a mí hasta ese momento, quedé asombradísima. De no posar para la foto me hubiera perdido tan hermosa vista. Esa experiencia fue espectacular, me impactó y me enseñó a ver más allá de lo que puedo ver frente a mis ojos.

Muchas veces pasa igual en nuestra vida cotidiana. A veces necesitamos darnos vuelta para descubrir lo que Dios tiene para nuestra vida. En ocasiones, hasta peleamos con el Señor porque él nos pide que nos demos la vuelta y miremos en otra dirección, pero no queremos salir del sitio en donde estamos. Tenemos los ojos puestos en algo hasta que nos percatamos que la mejor vista está a nuestras espaldas, pero no podíamos verlo porque nuestra mirada estaba dirigida en otra dirección.

Puede ser que te hayas acostumbrado a ver el mismo paisaje y piensas que eso es todo en la vida. Pero el ser humano se acostumbra fácilmente a las cosas, aceptamos rápidamente la escasez o las malas noticias, nos acostumbramos a los límites. Pero hoy te animo a que gires tu mirada en el nombre de Jesús de Nazaret y puedas ver la bendición que el Señor ha preparado para ti.

¡Te sorprenderás! No te pongas triste si lo que tiene antes tus ojos en este momento no es lo que esperabas. Date la vuelta y mira lo que Dios hará en tu vida.

Uno de mis pasajes favoritos de la Biblia dice:

> "Cosa que ojo no vio, ni oyó, ni ha subido al corazón del hombre son las que Dios tiene preparado para los que le aman".
>
> —1 Corintios 2:9

Si amas a Dios, ten confianza que él tiene algo maravilloso para ti.

Cambia la dirección de tu mirada. Mira las cosas desde otra perspectiva. Pídele a Dios que te ayude a enfocar bien tus ojos espirituales para encontrar sus bendiciones.

¿Qué estás viendo actualmente en tu horizonte? ¿Una familia hermosa, una buena casa, una excelente relación con Dios? Toda persona está compuesta de espíritu, alma y cuerpo, y cada uno de estos componentes de nuestra vida necesita ser alimentado. Así mismo tu visión necesita ser renovada.

Cuando terminé mis estudios como arquitecta necesitaba presentar mi trabajo de graduación, la tesis. En mi grupo éramos tres integrantes y cada uno tenía su propia idea de cuándo presentarla. Uno decía que en tres meses, otro que en seis y el último en un año o más. Costó trabajo ponernos de acuerdo, pero lo hicimos. Nos pusimos la meta de presentar el trabajo lo más rápido posible para así finiquitar esa parte de nuestra vida. Tomamos la visión y en menos tiempo de lo que esperábamos completamos la tesis. Nos dimos cuenta de que no era tan complicado como habíamos pensado.

¿Cuánto tiempo toma darle visión a alguien? Depende de la apertura de su mente y su corazón, depende de las circunstancias, depende si la persona está muy cansada o si tiene el interés. Visión es el cuadro específico de lo que sueñas.

Sé flexible, todo lo rígido se rompe. Si las cosas no funcionan apropiadamente piensa que Dios tiene un plan. Déjate llevar al paso del Señor. No trates de guiar el baile, permite que Dios lo haga, y que te lleve por toda la pista.

Alguien me contó la historia de un niño que fue castigado por su maestra porque se portó mal en clase. La maestra lo mandó a sentarse, pero el niño continuaba rebelde. Hasta el momento que lo tomó del brazo, lo llevó hasta su puesto y lo sentó. El niño miró a su maestra seriamente y le dijo: "Estoy sentado, pero por dentro estoy de pie".

Sé un poco del negocio de redes de mercadeo y estoy consciente de lo que se necesita para ayudar a las personas a ver la importancia de la visión que se quiere compartir. Lamentablemente no todo el mundo alcanza a ver lo que la persona que propone está presentando, porque falta algún ingrediente, ya sea en el transmisor o en el receptor.

Para llevar a una persona a entender claramente la estrategia y entrar a la red, se necesita mucho entrenamiento y paciencia. Conozco a una persona que llegó hasta segundo grado de primaria, pertenece a una de las mejores redes y hoy día está ganando más de 30,000 dólares mensuales porque ha ayudado a las personas a entender la visión para sus vidas. En realidad él está recibiendo su dinero por transformar visión y vidas.

Siempre oiremos de aquellos que lograron su visión. Muy pocas veces se oye hablar de los que la abandonan. Así que mantén tus ojos en lo que Dios te ha mandado a hacer.

Jesús de Nazaret organizó su primera red con pescadores. Es impresionante la visión que esos hombres recibieron de parte de Jesús, porque dice la Palabra que "ellos entonces, dejando al instante las redes, le siguieron" (Mateo 4:20). Dejaron sus barcos, sus redes, sus negocios, su familia y siguieron a Jesús.

Tan profunda fue la visión que Cristo les transmitió en tres años, que estos hombres fueron capaces de dar sus vidas por él. Así también lo hicieron sus hijos, sus nietos, sus biznietos, sus tataranietos espirituales, aún recibiendo amenazas de muerte. La visión nos transforma.

Aún en asuntos de finanzas necesitas reenfocar la visión. Puede ser que estás viendo lo que siempre haces, pero no has logrado ver nuevas oportunidades porque te has aferrado a lo conocido.

Jesús de Nazaret ya tiene el milagro que necesitas. Un milagro es aquella intervención divina que hace posible lo que los humanos no podemos realizar.

Sé que anhelas su provisión milagrosa, su bendición, pero recuerda que la obediencia y la confianza en Dios son bases sólidas para nuestra bendición.

Mira a tu alrededor y descubrirás algo parecido a lo que Jesús le dijo a Natanael:

> "¿Porque te dije: Te vi debajo de la higuera, crees? Cosas mayores que éstas verás".
>
> —JUAN 1:50

A veces nos es necesario cambiar de perspectiva. Dios tiene la solución para nuestras necesidades y están a nuestras espaldas. Al igual que Abraham, la solución ya ha sido establecida por Dios, pero tenemos que cambiar nuestro enfoque.

Posiblemente estás pensando que no necesitas cambiar nada. He conocido personas a quienes les he dicho una sencilla frase tal como: "Que Dios te bendiga", y me contestan un: "Ya lo hizo", como diciéndome: "No necesito más nada de parte de Dios". Pero déjame decirte que todavía no hemos visto nada. Lo que estamos a punto de recibir del Señor siempre será mejor que lo hemos experimentado. Eso es parte de su gloria, que siempre va en aumento como la luz del sol.

Prepara tu corazón para recibir el cumplimiento de las promesas de Dios. Alinea tu mente a los pensamientos de Dios. Sus planes para tu vida son de bien y no de mal. ¡Ten expectativa! Algo especial y hermoso ocurrirá en tu vida.

Hace algunos años visité Ecuador y dentro del recorrido decidimos subir al volcán Cotopaxi con un guía turístico. Este es un volcán activo que tiene aproximadamente 5897 metros de altura. Ese día subimos gran parte del camino en una camioneta que habíamos alquilado. El frío estaba en su apogeo. Al llegar al refugio dejamos el vehículo y nos fuimos emocionados a la aventura.

Mientras descendíamos de la camioneta, vi a varias personas que llevaban botas altas y abrigos. Se notaba que eran europeos, aproximadamente veinte años mayor que yo y habían comenzado a escalar hacia la cumbre del volcán.

Al verlos, todos los que estábamos en la camioneta nos reímos y exclamamos: "Si estos abuelos pueden, nosotros también". Así que fui la primera en dar los primeros pasos para subir el volcán. Iba emocionada, podía sentir el frío viento soplando en mi rostro, di mis rápidos y decididos pasos, uno a uno. Sin embargo, en cuestión de minutos, tuve que parar. Me costaba trabajo respirar y noté que estaba totalmente mareada.

Pedí ayuda y mis amigos me llevaron casi cargada hasta la camioneta. El guía me trató de ayudar, pero lamentablemente ese día quedé internada en la sala de urgencia de un hospital en Quito.

Gracias a Dios, fue asunto de ponerme una venoclisis y darme unas pastillas. Sin embargo, mientras estaba acostada en la camilla, me di cuenta que todo en esta vida requiere un proceso. Muchas veces lo que vemos nos parece fácil, pero nunca podemos menospreciar los pasos pequeños en una gran conquista. Los grandes logros no nos caen del cielo, tenemos que trabajarlos acá en la tierra.

Jesús de Nazaret comenzó con doce personas y ahora somos millones en el mundo. Las grandes cadenas de supermercados comenzaron con un solo almacén y con el tiempo pudieron extenderse a todas partes. Dios estará contigo en el principio, te acompañará en el camino, y estará hasta el final.

Cierta vez escuché la historia acerca de un misionero que llegó a trabajar entre los indígenas en Brasil. Su deseo era ganar la aceptación de ellos para así compartirles la Palabra de Dios. Al comienzo el hombre trabajó arduamente entre ellos, lo llamaban "el hombre blanco". Después, fueron un poco más considerados con él porque había aprendido su dialecto, así que lo llamaron "el respetable hombre blanco". Cuando comenzó a practicar medicina y a aprender sus costumbres lo llamaron "el indígena blanco".

Pero cierta vez, un niño de la tribu se cortó el pie, el misionero le lavó los pies, le quitó la sangre que corría y lo curó. La tribu entonces dijo que nunca se ha visto a un hombre blanco lavarle los pies a un indígena. Entonces el jefe de la tribu dijo: "Ciertamente este hombre viene de Dios". De allí en adelante cada vez que llegaba a una casa en la tribu decían: "Aquí viene el hombre que Dios nos envió".

Tú y yo conocemos a muchas personas que se llaman a sí mismas gente buena, pero ¿quién es bueno sino Dios? Él está a la búsqueda de personas a quienes pueda usar para su obra, gente de corazón sensible dispuestos a obedecer al Señor en todo lo que él mande.

Muchos quieren recibir todo departe de Dios, pero pocas personas están dispuestas a ejecutar lo que Dios tiene en su corazón. Cuando logras comprender este principio de vida enfocas tus fuerzas en convertirte en una extensión de la mano de Dios aquí en la tierra.

Jesús valora tu obediencia.

Si crees en Dios, entonces espera un milagro maravilloso en cualquier área de tu vida. Hagas lo que hagas, asegúrate de que Dios te guía en cada paso que das. No tomes decisiones por voluntad o inspiración propia.

Ora junto a mí:

> *"Padre bueno, creo en ti, creo en tu poder. Te pido que me des de tu espíritu de inteligencia y de sabiduría. Reclamo en tu nombre todas las promesas que tienes designadas para mí. Amén".*

Capítulo 19
NUNCA TE FALLARÁ

UNO DE MIS primeros carros fue una Ford Explorer de la cual quedé enamorada. Estaba casi nueva aunque era de segunda mano. Su primer dueño la acababa de comprar, pero tuvo que ponerla a la venta porque había sido trasladado de base.

Fui a verla. Era una preciosa camioneta celeste, automática. Desde que la vi, me gustó. Le pregunté al dueño cuál era el precio y cuando me lo dijo me sorprendí. De repente vacilé, ¿debía dar el paso o no? Así que ese viernes le dije al soldado que le daría mi respuesta el lunes siguiente.

Me fui a la casa y comenté con mi familia lo de camioneta. Pensé, ¿la compro o no la compro? Mi tía (la procrastinadora) me dijo: "Cómprala, Dios te va a ayudar". Así que tomé la decisión de llamar al hombre.

Ese lunes en la tarde llamé al dueño de la Ford Explorer para decirle que cerrábamos el trato, pero entonces me encontré con una noticia. Alguien ya había dado un depósito por la camioneta y el dueño se había comprometido verbalmente con la persona. ¡Cómo me dolió!

Regresé a mi casa, oré, lloré y le pedí perdón a Dios por no haber actuado más rápido. Mi tía me oyó y me dijo que siguiera orando, que Dios me podía ayudar, que no todo estaba perdido y que el Señor podía cambiar todo a mi favor. Así lo hice, le creí a mi tía y comencé a orar: "Señor perdóname, dame otra oportunidad para tener esa camioneta bella y preciosa". Después me olvidé y no oré más.

Un mes después, veo el mismo vehículo anunciado en el periódico. Pensé que era un error, pero de todas maneras llamé al dueño. Cuando me contestó, lo primero que me preguntó era si todavía estaba interesada. Resultó que el hombre que había dado el depósito por el vehículo no lo compró, pero le avisó que ya no lo quería.

Dios me había dado otra oportunidad, como dijo mi tía, con Dios nada está perdido. Cuando Él se mete en nuestros asuntos, nos va bien. Te conviene que Dios esté en todo lo tuyo. Muchas veces los temores nos reprimen y no damos los pasos de fe porque creemos que no lo lograremos. Es importante cuando hacemos nuestra tarea, calculamos, estudiamos los diferentes escenarios, pero únicamente cuando oramos sabemos si Dios está o no en eso.

Jesús y sus discípulos se dedicaron a expandir el reino de los cielos. Ellos dejaron sus redes y barcos, y lo siguieron. Cuando llegaron a Capernaum, unos cobradores de impuestos abordaron a Pedro, querían que él y su maestro pagaran los impuestos.

El nombre Capernaum significa "lugar de comodidad, pueblo de consolación". El lugar donde debieron ser amables con Jesús, lo incomodaron cobrándole los dos dracmas. En la vida siempre te encontrarás con personas que quieren avergonzarte. No temas, Dios está contigo.

Nunca jamás te dejes intimidar por algún agente que el enemigo te envíe. Eres más que vencedor. Declara vida, declara bendición. El Señor te ayudará y no dejará que pases vergüenza.

Permítele a Dios meterse en todos sus asuntos y tómelo en cuenta, no importando cuán pequeño sea su problema. He conocido gente que erróneamente ha tomado la decisión de no involucrar al Señor en su día a día. Me han dicho literalmente: "Para qué voy a molestar a Dios con mis problemas, él está tan ocupado".

Si los hijos de Dios nos diéramos cuenta del valor de las palabras que soltamos cuando hablamos, entenderíamos que se nos ha regalado un tesoro que nos ha hecho ricos. Con su palabra Dios creó los cielos y la tierra. Con tus palabras puedes cambiar tu situación.

Jamás tengas miedo de nadie. La fuerza y el poder de Dios te acompañan todo el tiempo. Emprende grandes sueños, atrévete a llevarlos a cabo. Dios está contigo como poderoso gigante.

Si alguien te ha confrontado económicamente y no sabes de dónde vendrá el pago ni qué hacer, te digo unas palabras que ya he experimentado en mi propia vida: "Dios proveerá". El Dios que servimos "suplirá todo lo que no haga falta conforme a sus riquezas en gloria".

Jesús le dijo a Pedro que para no ofender a los cobradores, fuera al lago y que al primer pez que pescara le abriera la boca, porque allí estaría el dinero que necesitaban para pagar la deuda que tenían.

¿Te imaginas esta orden? Yo hubiera dicho: "Perdón Jesús, no entiendo. ¿A qué te refieres?". Pero Pedro obedeció y fue al lago a pescar. Allí fue al lago, no por los peces que iba a pescar sino por uno solo que tendría lo necesario para pagar los impuestos y más.

La lealtad de Pedro fue grandemente recompensada por Jesús, ¡qué experiencia! Me imagino el rostro de las personas cuando les contó este milagro.

Hace años le comenté a un conocido algunos de mis testimonios. El hombre comenzó a reírse en mi cara y me dijo que yo me había metido un cuadrangular, refiriéndose a un jonrón en béisbol. Según él los testimonios eran puro bate, o sea mentiras.

¡Ja! ¿Qué pensaría de esta historia? Había llegado el tiempo de las fiestas para los judíos. Se requería que todo varón mayor de veinte años pagara dos dracmas para el templo anualmente.

Mateo, quien escribe sobre este tema, había sido un cobrador de impuestos, así que sabía perfectamente bien sobre el tema.

En este pasaje podemos ver facetas de Jesús. Su cuidado por no producir escándalos. Él dijo:

> "Para no ofenderles, ve al mar, y echa el anzuelo, y el primer pez que saques, tómalo, y al abrirle la boca, hallarás un estatero; tómalo, y dáselos por ti y por mí".
>
> —MATEO 17:24-27

Este es uno de tantos pasajes donde vemos uno de los atributos maravillosos del *Fabricante de milagros*, su omnisciencia.

La omnisciencia significa que Dios sabe todo. No tengas ninguna duda. Ninguna situación lo toma por sorpresa.

Pedro no dijo: "Señor déjame ir a pedirle el dinero a mi suegra". Él esperó la guía del Señor, el milagro de Dios. ¿Un pez con dinero? En el mar de Galilea se le ha llamado a un pez *chromis simonis*, en memoria de este evento. Dice que ese pez tiene la boca grande. Evidentemente Jesús tenía su propio cajero automático.

El *estatero* era una moneda de plata que equivalía a cuatro dracmas, aproximadamente unos 40 dólares. El impuesto del templo era de 20 dólares por persona. Así que con eso podían pagar dos personas.

Cuando confías en el Señor, verás maravillas, Jesús va a proveer para su obra, pero lo más grande es que también va a proveer para ti y para mí. Confía en él, y él hará.

La obediencia de Pedro le rindió beneficios. Con esa palabra, Pedro pudo pagar los tributos de Jesús y los suyos también. Nosotros tenemos que movernos en el momento de Dios. Una vez que des el primer paso en obediencia, las cosas se van a acelerar.

¿Quieres evitarte algunos sufrimientos en esta vida? Cultiva la dependencia y obediencia a Dios. Disciplina tu vida para creer en milagros y entrar a una dimensión espiritual.

Una amiga me dijo que quería ver milagros grandiosos de parte del Señor, así que se metió a orar más y a buscar el rostro de Dios. Ella vivía una vida normal, un buen trabajo, un buen carro, una excelente familia. En realidad no necesitaba nada, un buen día, le apareció un dinero extra en su cuenta de bancos. Enseguida me llamó y me hizo una pregunta: "¿Qué hago?". A lo que respondí: "¿Qué crees que debes hacer?". Entonces fue al banco y les explicó que en su cajero automático aparecía un dinero que ella no tenía en su cuenta. Los oficiales de la entidad, sorprendidos por tal honestidad, fueron a revisar las cuentas, y le dijeron: "Esa plata es suya. No sabemos quién se la depositó, pero eso suya". Enseguida mi amiga me llamó contándome la maravillosa experiencia que había vivido. No era por la cantidad de dinero, pues solo eran un par de cientos de dólares, era por la acción sobrenatural que había ocurrido. Ella me dijo que estaba segura que fueron los ángeles del Señor que habían puesto ese dinero allí. Y yo lo creo, los he visto actuar.

Haz tu parte, que él hará la de él.

Ora junto a mí:

> "Padre nuestro que estás en los cielos, te doy las gracias por abrir mis ojos a los tesoros que tienes para mi vida. Activa tus ángeles a mi favor y ayúdame a ser testigo de tu poder dondequiera que vaya. En el nombre de Jesús. Amén".

Capítulo 20
EL PENÚLTIMO CAPÍTULO

Jesús y sus discípulos entraban a la Ciudad de Naín, y muchos le seguían.

> "Cuando llegó cerca de la puerta de la ciudad, he aquí que llevaban a enterrar a un difunto, hijo único de su madre, la cual era viuda; y había con ella mucha gente de la ciudad".
>
> —Lucas 7:12

Cuando llegó a la puerta de la ciudad, se encontró con una escena dolorosa, y se detuvo. Usualmente las personas famosas no se detienen por gente común. Están muy ocupadas y no se fijan en los detalles. Las personas que son seguidas por multitudes son diferentes, no tienen tiempo para detenerse por nada ni por nadie. Caminan rápido y sus guardaespaldas no permiten que se les acerquen.

Hace unos años estaba en un evento en la Alcaldía de Panamá donde le entregaban las llaves de la ciudad a Anne Graham-Lutz, una de las hijas de Billy Graham. Cuando salíamos del lugar mientras esperaba que trajeran mi auto, algo pasó a mi alrededor. Rápidamente guardias de seguridad hicieron una barricada y no permitieron que otras personas entraran al lugar. Yo estaba parada justo en ese lugar, como si fuera a recibirle.

Un hermoso automóvil con vidrios polarizados se detuvo, abrieron la puerta y una gran personalidad de la farándula se bajó y yo era la primera persona que estaba allí frente a ella. Era nada menos que Gloria Estefan.

Los guardias de seguridad no se dieron cuenta de lo que estaba pasando, pero en ese mismo momento aproveché a decirle algo que salió de mi corazón: "Gloria Estefan, soy Ilya Carrera y oro por ti para que el Señor te bendiga". Nadie tuvo tiempo a impedirme que le dijera eso. Enseguida se bajó su acompañante, pero Gloria me tomó la mano, me abrazó, me miró a los ojos y me dijo: "Gracias". Fue una hermosa experiencia. Le agradecí a Dios por este regalo. No siempre ocurren oportunidades como esa. La mayoría de las personalidades no son accesibles a la gente normal. A excepción de Jesús de Nazaret, que no es como los demás.

Volviendo a la historia de Lucas, allí estaba el *Fabricante de milagros* acompañado por miles, ovacionado por mucha gente, tratando de ser tocado por personas necesitadas, pero mostrando interés en una de ellas que seguramente ni conocía.

Así era Jesús, experto en mostrar interés por los demás. Esa es muestra de honra. Es decirle a la otra persona "eres importante para mí". Las personas necesitan que se les muestre interés, no por lo que tienen, sino por ellas mismas.

¿Te ha pasado que hablas con alguien y te das cuenta que no te pone atención? Esa sensación deja un sentimiento feo en el corazón. En la época en que vivimos la gente le pone menos atención a los demás. Esa es tu tarea, pon atención a las personas y ganarás amigos en esta vida.

En estos últimos tiempos estamos atravesando problemas de comunicación y de amor. Con los chats e internet, cada uno está metido en lo suyo y la comunicación se convierte en impersonal.

Estoy segura de que en el tiempo de Jesús había también mucha actividad, y la parábola del buen samaritano, nos da muestra de cómo era. De acuerdo a la historia entendemos que no era una ciudad como la de nuestra época, en donde nadie se detiene por nadie. Estamos hablando de la época de Cristo, pero nadie mostró interés por el hombre que había sido lastimado, sólo un simple samaritano. Ese hombre fue más humano que el levita, un sacerdote demasiado ocupado y famoso para detenerse y mostrar interés por otro.

Pero Jesús puso atención en quienes lo seguían. Cada individuo es importante para él. La vida se trata de personas. Jesús vino a este mundo por ti y por mí, vino para poner atención en ti, para darte tiempo de calidad, para escucharte y amarte.

Sigue diciendo:

> «Y cuando el Señor la vio, se compadeció de ella, y le dijo: No llores».
>
> —LUCAS 7:13

Jesús se detuvo por alguien que ni conocía, no para saludar a otro gran personaje famoso sino por una viuda, una mujer.

¿Sabes lo que es la compasión? Es sensibilidad, es amor. La palabra en griego es *splagchmizomai, que* significa "que se le mueven hasta las entrañas". Se creía que las entrañas eran el asiento del amor y de la piedad. Así Jesús mostró interés por esta mujer. También se tomó el tiempo para decirle: "No llores". Él mismo sabía lo que era llorar por alguien, porque Él lloró por su amigo Lázaro cuando recibió la noticia de que había muerto.

Seguramente has llorado y sabes lo que se siente cuando alguien se toma el tiempo para hablar contigo y ayudarte a enjugar tus lágrimas. *El Fabricante de milagros* es esa persona que quiere quitar el dolor de tu corazón de raíz y decirte: "No llores, yo te ayudo". Él quiere que sepas que estará contigo todos los días de tu vida.

El salmista David atravesó momentos difíciles, ¿quién no los tiene? Pero mira las palabras tan lindas que escribe para describir lo que experimentó:

"En mi angustia invoqué a Jehová, y clamé a mi Dios. El oyó mi voz desde su templo y mi clamor llegó delante de él, a sus oídos".

—Salmo 18:6

Dios siempre te oirá. Cada vez que clames, él tendrá sus oídos atentos a tus oraciones.

Cierta vez oí al pastor Adrián Rogers contar la historia de una persona que cada vez que oraba ponía una mecedora vacía a su lado. Su familia le preguntó para quién era esa mecedora, a lo que ella contestó que era para el Señor. Siempre que oraba, la silla estaba a su lado. Por años ocurrió lo mismo. Cuando esta mujer murió su familia no se deshizo de la mecedora, sino que su hijo la adoptó para recordar siempre que Jesús está presente en nuestras oraciones.

La Biblia también nos dice en que hay bendición para aquellos que velan por otras personas. Para aquellos que no sólo oran por sus problemas sino que le ponen atención a otras personas, manifiestan compasión y oran por ellos.

"Y quitó Jehová la aflicción de Job, cuando él hubo orado por sus amigos; y aumentó al doble todas las cosas que habían sido de Job".

—Job 42:10

Si te fijas en el dolor de otras personas y oras por ellos, Dios quitará tu propia aflicción. ¡Qué interesante! Cuando mostramos interés por otros, Dios muestra interés por nosotros.

Job oró por sus amigos. Orar por otros siempre nos hace pensar más en otras personas que en nosotros mismos.

El *Fabricante de milagros* se acercó al féretro y lo tocó. Y los que lo llevaban se detuvieron. Entonces Jesús dijo las palabras de vida: "Joven, a ti te digo, levántate". Eso cambió la vida de ese joven sin esperanza, en una vida de milagros.

Transformó la vida de una madre que era viuda, en una vida llena de esperanzas.

Cada vez que hagas un alto en tu vida y le des tiempo a Jesús, Él te dirá palabras de vida. Hay algo maravilloso en Dios, préstale atención. Deja espacios en tu vida para Él. Nunca olvides lo que dice la Biblia:

> «Acercaos a Dios, y él se acercará a vosotros».
> —Santiago 4:8

¿Quieres que el *Fabricante de milagros* camine contigo? Pues, camina tú con Él y ¡todo será diferente! Invítalo a que sea tu Salvador personal, tu Salvador de deudas, tu Salvador en la enfermedad, tu Salvador de matrimonio, el Salvador de tus hijos.

Si no le conoces o si piensas como pensaba yo, que no necesitas que te perdone, pídele al Espíritu Santo que te revele tu condición espiritual. Sé que el Padre celestial te ama mucho y tiene grandes planes para ti. En Dios haremos proezas.

Ora junto a mí:

> «*Padre celestial, tú eres grande como no hay otro. Reconozco tu grandeza y tu poder. Quiero adorarte cada uno de mis días y honrarte con todo mi corazón. Ayúdame a caminar en fe y enséñame a ver milagros. En el nombre de Jesús, mi amado Fabricante de milagros. Amén*».

DATOS DE LA AUTORA:

Dra. Ilya Carrera

Tel. 507-261-2497

www.ilyacarrera.com

www.centrocristianobetania.org

www.elfabricantedemilagros.com

EQUÍPATE CON EL
ARMA MÁS PODEROSA

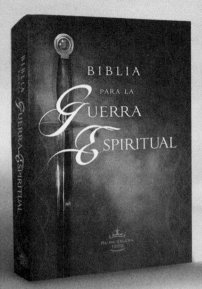
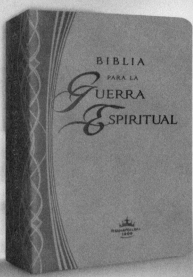

CARACTERÍSTICAS Y BENEFICIOS

- Versión Reina-Valera 1960 (la versión de la Biblia más leída en español).

- Incluye materiales adicionales de estudio, escritos por más de veinte líderes y autores cristianos de renombre.

- Provee información práctica para prepararte y equiparte en la guerra espiritual.

- Contiene herramientas de entrenamiento para la guerra espiritual, tanto para el estudio individual así como para grupos pequeños.

- Incluye referencias y mapas a color.

La *Biblia para la guerra espiritual*, te ayudará a prepararte y equiparte como un guerrero espiritual